Begräbnis und Leichenfeiern des Kölner Kurfürsten Clemens August 1761

herausgegeben von Norbert Flörken

Zur Textgestaltung:

Rechtschreibung und Zeichensetzung sind beibehalten worden, gegebenenfalls sind Namen in der modernen Schreibweise hinzugefügt worden. Die Punkte hinter den einfachen Zahlen, z.B. den Jahreszahlen, sind weggelassen worden. Der Text der Vorlage steht in dieser Serifenschrift, Zusätze und Ergänzungen des Bearbeiters in dieser serifenlosen Schrift. Die Klammern der Vorlage ( ) sind durch { } oder – – ersetzt worden. Streichungen des Herausgebers stehen in ( ), Ergänzungen in [ ]. Beim Seitenwechsel wurde die anfallende Trennung aufgehoben. Die häufigen Sperrungen bei Eigennamen oder Ortsnamen wurden nicht übernommen. Die Angaben zu Personen, Orten oder Sachen sind dem Portal Wikipedia entnommen.

Impressum

Bibliographische Information der Deutschen Nationalbibliothek:
Die Deutsche Nationalbibliothek verzeichnet diese Publikation in der Deutschen Nationalbibliographie, detaillierte bibliographische Daten sind im Internet über http://dnb.dnb.de abrufbar.
© Norbert Flörken
Herstellung und Verlag:
BoD – Books on Demand, Norderstedt
ISBN 9783751951678

9 783751 951678

Inhalt

Einleitung

Seit Perikles' Rede auf die gefallenen athenischen Landsleute (430 v. Chr.) ist die Leichenrede (logos epitaphios) eine Textgattung besonderer Art. Der Redner bedient sich besonderer Merkmale, die durch die besonderen Umstände bedingt sind: Er muß den Angehörigen Trost spenden, den Schrecken des Todes vermindern und womöglich den Überlebenden Mut machen. Er wird dabei mehrere rhethorische Mittel und inhaltliche Kniffe einsetzen, um die Emotionen aus den gefährlichen Abwärtsstrudeln in ruhigere Fahrwasser überzuleiten. Dass bei dem Rückblick auf das Leben des Verstorbenen historische Tatsachen verschwiegen oder umgedeutet werden, ist nach dem alten römischen Grundsatz „de mortuis nil nisi bene" – „Über die Toten nur Gutes" anerkannte Regel.

Deswegen darf man von den hier versammelten vier Leichenreden keine wissenschaftlichen Abhandlungen über Clemens August Ferdinand Maria Hyazinth, Herzog von Bayern aus dem Hause Wittelsbach (1700-1761), und seine Regierungszeit (1723-1761) erwarten. Insgesamt hat es die katholische Kirche mit der historischen Wahrheit nie so genau genommen – im Mittelalter haben geistliche Männer erstaunlich phantasievoll fabuliert.

Im vorliegenden Fall hatten die geistlichen Redner (ein Kapuziner, drei Jesuiten) sowohl den weltlichen Herrn – den Kurfürsten von Köln – als auch den geistlichen Herrn[1] – den Bischof von Köln, Regensburg, Münster, Osnabrück, Paderborn und Hildesheim - zu würdigen.

Drei der vier Redner wählen einen Vorspruch (Seiten 9, 64 und 143) für ihre Rede, einen kurzen Textausschnitt aus dem Alten Testament, wovon der erste wenig passend erscheint. Ihre Reden

---

[1] CA war « Monsieur des cinq églises ».

setzen ein mit Klagen (lamentationes) und/oder mit theatralischen Anklagen gegen den personifizierten Tod (Clement, S.143). Sie werden fortgeführt mit rhetorischen Fragen scheinbarer Hilflosigkeit: „Was will ich machen?" – „Was hilft es?" (Helmering, S.12); „Wie könnte unser Thränen-würdiges Unglück wohl höher steigen ...?" (Isfording, S.112); „Was klage ich den unschuldigen Todt an?" (Clement, S.144).

Im zentralen Teil werden dann die Verdienste Clemens Augusts (CA) im weltlichen und im kirchlichen Bereich aufgezählt. Wie groß dabei der Abstand zur Wirklichkeit ist, mag ein Blick auf die Würdigung Braubachs von 1961 zeigen (S.160 f).

CA war zeitlebens „der von der Gottseligkeit gekrönte Hirt, von der Milde gekrönte Vatter" (S.15), „unser mildester Beherrscher und wahrer Landsvater" (S.66); mit der Geburt fing „seine Gottseligkeit an" (S.16); dass CA mit 16 Jahren Bischof von Regensburg wurde, ist nur für heutige Menschen verwunderlich; „der günstige Himmel [hat ihm] vier bischöfliche Infuln, eine nach der anderen, in den hertzoglichen Schooß geworfen" (S.118). Seine Familie, die Wittelsbacher, hat „sich um das christliche Weesen ungemein verdient gemacht; so viele Gotteshäuser hat [sie] erbauet" (S.19, 120). CA hat sich um Münster, Paderborn, Hildesheim mit seiner Freigiebigkeit im Kirchenbau Verdienste erworben (S.153). Er war überaus fromm: „Wer war wohl demüthiger, als unser August?" (S.29); das Meßopfer hat „er nicht allein oft mit höchster Auferbäulichkeit und Innbrunst des Herzens verrichtet, sondern auch demselbigen täglich mit wahrem Andachtseifer und lebendigem Glauben beyzuwohnen, an allen Samstagen ... drey heilige Meß anzuhören nie unterlassen" (S.72 und öfter). Er ereiferte sich „gegen ein jedes Laster, welches die Mäßigkeit verletzte" (S.32); seine Wohltätigkeit war überaus groß (S.40 und öfter). CA war sanftmütig und milde (S.44); ein Herr, wie die Dienerschaft „denselbigen nicht milder, nicht liebreicher, nicht gütiger hätten wünschen, auch nichts finden können" (S.81). Sein Betragen war „klug, gerecht, mäßig und starckmüthig" (S.122 ff). Seine hoch-geschätzte Bautätigkeit hat „dem nahrlosen Volk zum Nutzen, Gewinn und Vortheil" gereicht (S.137). Aussenpolitik[2] bzw. der Krieg kommen nur an einer Stelle vor (S.127 f), und dann nebulös und wenig faktenreich.

Die Kluft zwischen den Ausführungen der Redner und der Wirklichkeit[3] ist doch recht groß und kann eigentlich nicht mit der Redeabsicht – der Trauerede – überwunden werden. Der Propagandazweck ist nicht wegzudiskutieren, ihm dient ja auch letzlich der Druck dieser Reden. Die Zuhörer in den Kirchen, die derselben sozalen und politischen Schicht wie der Verstorbene angehörten, werden an den panegyrischen, wirklichkeitsfremden Lobeshymnen kaum Anstoß genommen haben.

---

[2] Ganz anders natürlich in der zeitgenössischen „Chorographia Bonnensis"/"Bönnischen Chorographie", siebte Fortsetzung von 1773 (französisch), in der z. B. ausführlich auf die europäische Politik des Jahres 1729 eingegangen wird (Flörken, 2020 S. 227 f).

[3] Clemens August hatte unter anderem mit der Harfenistin Mechthild Brion (1710-1773) eine Tochter, siehe (Flörken, 2017).

1761 März 10 Pater B. Helmering SJ: Leichenrede auf Kurfürst Clemens August im Kölner Dom

Der Hochwürdigste Und Durchlauchtigste Wayland Churfürst und Ertz-Bischoff zu Cölln etc. etc. | Unser Zeit Lebens gewesener Gnädigster Bischoff, und Landes-Fürst CLEMENS AUGUST | Als ein Bild Der Gottseeligkeit und Milde | Bey einem Auf gnädige Verordnung Eines Hochwürdigen gnädig regierenden DOM-CAPITULS gehaltenen Leich-Gepränge und aufgerichteten überaus prächtigen Trauer-Gerüste | In einer LEICHEN- UND LOB-REDE | Den 10ten Mertz Anno 1761. Vorgestellet von R[everendissimo] P[atre] Bernardo Helmering, Soc[ietatis] Jesu Der hohen Cathedral-Kirchen Dom-Prediger. | Hildesheim, gedruckt bei Christian Walther Schlegel. 4

---

4 Fundstelle: BSB München, Signatur 4 Bavar. 3436 a; urn:nbn:de:bvb:12-bsb11174053-5. – Die zahlreichen Hervorhebungen im Text – Sperrung, Fettdruck, Großbuchstaben – sind nur bei ersten Mal wiedergegeben, in der Folge aber unterlassen worden.

Vorspruch
Imposuit duo diademata Capiti suo.
Er setzte zwo Kronen auf sein Haupt.
1. Mach. 11, v.13.[5]

Innhalt.
CLEMENS AUGUST
Ein Gottseeliger Hirt
Ein Milder Vatter.

1. Ein Gottseeliger Hirt in Absicht seiner Kirchen, seiner selbst und seiner Heerden.
2. Ein milder Vatter in Absicht der Armen, der Krancken, des Unterthans und des gemeinen Nutzens.

R. J. S. P.

<3>
Eingang.

Sarg und Bahre! Gruft, und Tod! Moder, und Verwesung! Ach! warum lebe ich noch? Wäre es nicht besser unter der Erde in einer Vergessenheit liegen, als auf derselben unter einem matten Schein des Lebens mit traurigem Gemüthe gedacht werden? Die Zeiten seind bedencklich, immer werden sie bedencklicher, immer rühren sie empfindlicher, und fehlet es nicht viel, daß sie nicht unserm Untergang nächst seind. Wann donnert, wann stürmet nicht der Himmel? und wann ist sein Donnern nicht mit den härtesten Schlägen vermenget? In Wahrheit der Himmel ist ein hartes, und unbiegsames

---

[5] »et intravit Ptolomäus Antiochiam, & imposuit duo diademata capiti suo, Aegypto & Asiae.«

9

<4> Ertz über uns geworden, das nicht will erweichet werden; scheinet er einige Zeit zu ruhen, so kochet er nur neue, und schwerere Ungewitter, welche alle unsere Hofnung zu zerschlagen scheinen. Da haben wir die gemeinen Klagseufzer, sie schreyen in den Städten so wohl, als auf dem Lande, sie seind bey dem Geistlichen eben empfindlich, als bey dem Weltlichen.

Hochansehnliche Trauer-Versammlung! Hier in der hohen Dom-Kirche ist der geheiligte Ort, wo ich selbst der Thränen hierüber mich nicht enthalten kunnte; oft traurte ich, und meine Schwachheit hatte ein niedergeschlagenes Gemüthe; oft wollten sich meine nasse Augen abtroknen, da sich mein matter Geist schiene aufzumuntern; ja oft unterstunde ich mich, gleich einem andern Abraham mit dem zornenden GOtt zu markten: ich bate um holde Blicke; ich bate, er wolle doch endlich die so lang, und hart schlagende Strafruthe aus Liebe der Gerechten zurück nehmen, und die alte Glücks-Sonne unserm Gesichts-Kreyse wiederum schencken. Hier stunde ich auf der Kanzel, wo man mich gleich dem Jonas mit gefalteten Händen rufen hörte: Christen! bettet, wircket Buß, kehret aufrichtig zu GOtt zurück, und gleichet einem geänderten Ninive, wofern ihr alles das eurige nicht unter der Asche vergraben sehen, und ihr endlich selbst den stürmenden Fluten unterliegen wollet. Ich richtete mich auf, obschon die Quellen meiner Thränen noch nicht zugestopfet waren, ja ich hatte schon etwas von einem neuen Phoenix, als ich sahe, daß sich alle zu den Buß-Thränen <5> schickten. Gut! sprach mein Hertz in der Stille; haben wir auch eine andere Sündflute verdienet, der Himmel wird sich doch erheitern; die Thränen, welche ich sehe, seind aufrichtig; ihre Quelle ist das Hertz; die Klagstimmen, die ich höre, seind andächtig, und Reu-voll; ihre Absicht ist GOtt allein; Gewiß gut! diese dringen nicht vergebens durch die Wolcken; jene werden mit Nachdruck in den Schooß des unendlich Barmherzigen fliesten: Der liebe

1 7 6 1 M ä r z 1 0 P a t e r B . H e l m e r i n g S J :
L e i c h e n r e d e a u f K u r f ü r s t C l e m e n s A u g u s t i m
K ö l n e r D o m

GOtt, der gar die Salamander in dem Feur erhält, wird helfen. Es war mir hierauf nicht anders, als durfte ich bereits die meiste Taube mit einem Noë aus der Hand lassen, gar als kunnte ich schon sehen, wie diese daher fliegen komme, um auf unserm bethränten Acker den freudigen Friedens-Zweig zu pflanzen.

Aber nein; der ergrimmte GOtt hat, wie es scheinet, ein festeres Schloß an den Himmel gelegt, als ehedem an die Arche. Er ist noch vor wenigen Tagen zorniger geworden; Seufzer! erstickt mich nicht, ehe ich diese Erzehlung vollende. Blitz, Hagel, Donner, und alles, was schlagen, und zerschlagen kann, hat er auf einmal gegen uns gewendet, um unsern Untergang mit kurzer Gerechtigkeit zu beschleunigen. Düstere Trauerfackeln! schwartz verhüllete Altäre, und Mauren! trauriges Glocken Gehäul! scheußliches Todten-Gerüste! Nachtfärbiger Aufzug! ihr beklaget es schon! Blasse Angesichter! <6> niedergeschlagene Augen! schlucksende Seufzer! ihr beweinet es bereits! vieles habe ich so eben genennet, und alles dieses klagt mit einer Stimme: ach! der Himmel hat es gewagt! hier soll ich nun entdecken das schwere, und grelle Ungewitter, welches uns die noch übrige letzte Quelle, woraus zeithero einige Hofnungswässer geflossen, auf einmal zerschlagen, und völlig zerstöhret. Hier soll ich sagen, was allgemeine Thränen nicht genug beweinen können. Hier soll ich vorstellen, was viele Länder zugleich in die äußerste Ohnmacht versencket; hier soll ich, was ich kaum kann. Ein Erzbißthum Cölln, ein Teutschmeisterthum, ein Hochstift Münster, ein Hochstift Paderborn, ein Hochstift Hildesheim, ein Hochstift Oßnabrück, und viele andere Länder erschüttert dieses betrübteste Schicksal. Meine Zähren! hier lernet reden; nur euch steht zu, den Verlust zu entdecken, den eine halbe Welt mit so erbärmlichem Leid, und Wehemuth beweinet, daß ich nicht weiß, ob ihre Augen jemals austrocknen werden, sagt: CLEMENS AUGUST ein Herr, und Vatter so vieler Länder ist es, dessen allzufrühen

11

Sterbfall alle überhaupt beklagen, so, daß ihnen hierüber nichts zum Trost übrig geblieben, als die Thränen, um weinen zu können; Die göttliche Vorsichtigkeit hat ihn verhängt, ihren Rathschlüssen hat gefallen können ihn zu verhängen in den jammervollesten Zeiten, damit Wunden auf Wunden gelegt würden, die kein Welt Alter jemals heilen <7> wird. Wer ist hier nicht ohne Geist, und Bewegung? wer wird nicht stumm?

Doch ich muß, wenn auch alle erstummen, meine Thränen lassen. Leider! daß ich schon mehr als einmal ein solcher Redner bin, der den scheußlichen Nachteulen gleichen muß, welche nur bey fürchterlichen Finsternissen, und in den schwarzen Nachtschatten flodern, und schreyen. Was will ich machen? Geduld, und Gehorsam sind auch Tugenden, die man nicht allein annehmen, sondern gar verehren muß. Was will ich machen? Ich halte eine Lob- und Trauerrede, der Tod unsers höchstseligen Landesfürsten ist derselben so bitterer, als unvermutheter Gegenstand. Hier fodere ich von Ihnen ein Mitleiden, und Sie fodern von mir keine Ordnung im Reden. Denn wie ist es möglich, daß jener ordentlich rede, den selbst die Flut des Kummers dahin gerissen, und der dannoch so viel zu loben hat, daß er anstehn muß, wovon er den Anfang machen soll? Mich betrift dieses Gedränge! Wie ist es? soll ich anführen das höchste Geblüt des Bayrischen Hauses, wovon er abstammet? was hilft es? ich komme nicht nach; zu weit ist das graue Alterthum hier zurück gesetzet, und gleichsam versteckt. Soll ich die Helden vorlegen, welche diesen Norischen Stamm-Baum für andere in der ganzen Welt berühmt gemacht? es geht <8> nicht; ich zehle früher die Sterne; so groß ist da die Anzahl; Leichter verrichte ich die Thaten eines Hercules; so gewaltig sind ihre aufgethürmte Riesen-Werke; oder soll ich melden, wie ER selbst gleich den grossen Helden Staats- und Großmuths-Schritte gemacht? das geht für diese Zeit gar nicht, mir müssen hierin

12

alle Augen fehlen; Nein ich habe nicht gelernet, woher der Atlaß seine
Stärke nehmen müsse, wenn er die fallende Welt erhalten soll; eben
wenig weis ich zu finden die Magnetnadel, welche man auf dem stürmenden Staatsmeer gebrauchen muß; nur hat man mich geflissen gemacht, daß ich verstünde, wie allen Mächten die schuldigste Ehrerbietigkeit zu erweisen sey, und wie verworffen der Mensch müsse angesehen werden, der sich über die Höhe der Cedern waget, damit er
die mehr als freche Feder ansetzen könne, um den brausenden, und
nach der Vorsicht GOttes fliegenden Wolken ihre Gesetze und Ordnung zu bestimmen. Hochansehnliche Trauerversammlung! sagen Sie
mir mit ihrem stillen Winken: Klug geredet! so habe ich die Ehre
Ihnen zu antworten: Lasset uns mit immer fließenden Zährquellen
unsere Zeiten beweinen, und mit stets währenden Gebett denjenigen
auf unsern Knien anrufen, welcher die ganze Welt beherrschet, und
in dessen Allmachtshänden Zepter und Kronen unsrer Monarchen
liegen, damit er doch endlich sich würdige, unsere Hütten mit besänftigten Augen als ein GOtt der vielen Erbarmnissen anzusehen. <9>

Hiemit sind mit meine Gränzen fest gesetzet, die ich, gleich
als wären sie das beste Heiligthum, ganz sorgfältig beobachten will.
Ich beweine, und lobe meinen höchstseligen Landesfürsten, ohne je-
manden einem die geringste Klagursach zu geben; das fodere ich von
mir; und was ist es, Hochansehnliche! das ich von Ihnen begehre? nur
dieses, daß Sie mir vergönnen, die **Ertz- und Bischöflichen, die
Chur- und Fürstlichen Asche** mit Thränen zu benetzen, und das
aus meinem Ihm geweihten Herz auszuschütten, was die heilige
Pflicht von einem jeden treuen Unterthan erfodert. Ich nehme hiezu
kein Wörter-Gepräng, nein; gar keine neue, und seltsame, oder gefol-
terte Redensarten, welche sich einerseits für mein Gemüth, das zerschlagen ist, nicht schicken; anderseits nur dann dienen, wenn man
einen kahlen Schein der Scharfsinnigkeit erbetteln will, das sich

1 7 6 1 M ä r z 1 0 P a t e r B. H e l m e r i n g S J :
L e i c h e n r e d e a u f K u r f ü r s t C l e m e n s A u g u s t i m
K ö l n e r D o m

wiederum für meine Umstände eben wenig reimet, als die Freyheit
bey den angelegten Ketten. Ich trete nur auf mit einer aufrichtigen
Einfalt, die sich mit der unverfälschten Wahrheit eng verbunden hält;
diese lasse ich reden, und weinen, da ich nunmehro auf meinen Knien
liege, und den Sarg wayland meines gnädigsten Landesherrn betrachte. Ich soll nicht fragen, wer da ruhe? wie ER sich Zeit Lebens
gegen uns betragen, als lang ER unser Oberhaupt war? recht! ich muß
dieses nicht fragen, weil ich zu einer solchen <10> Zeit rede, wo ER
unter uns gelebt; weil ich zu Jenen rede, derer viele Ihn selbst beo-
bachtet, ja deren einige ER gar Seiner Verträulichkeit gewürdiget hat.
Hochansehnliche! waren Ihre Augen auf Ihn als einen Ertz-Bischoff,
und Bischoff gerichtet, sahen Sie nicht den, welchen man als einen
wahren Hirten Seiner Ihm anvertrauten Kirchen bewundern muste?
Wollten Sie Ihn als einen Churfürsten, und Fürsten untersuchen, wer
sähe, wer lobte Ihn nicht als einen wahren Vatter Seiner Ihm untergebenen Länder? Wer sprach nicht mit froher Stimme: Clemens August hat Ihm Seinen Wahle-Spruch, der in der Gottseligkeit und Milde
Pietate et Clementia bestunde, ganz eigen gemacht, Er war in Wahrheit der gottselige Hirt, der milde Vatter.

Meine Trauer und Lobrede ist hiemit abgetheilet: die Gottseligkeit bildet den Hirten, die Milde schildert den Vatter, und da habe
ich die zwo sittlichen Kronen, welche unser in GOtt ruhender Landesherr gleich Anfangs Seiner Regierung Ihm selbst so fest auf das
Haupt gesetzet, daß Er sie niemals in Seinem Leben abgelegt. Das
Gold dieser Kronen ist das Beste; es hat seine Adern, woraus es genommen, nicht wie ehedem bey Antiochus in dem <11> Schooß der
Erde, sondern in dem Heiligthum des Himmels, es zieret für andere
besonders gesalbte Häupter, welche, weil sie schon alles von der

Natur gleichsam mit der Geburt ererben, nur noch das suchen müssen, was der Himmel Ihnen zu Ihrem unsterblichen Ruhm geben kann.

Es war also Zeit Lebens Clemens August der von der Gottseligkeit gekrönte Hirt, von der Milde gekrönte Vatter.

Gedenke ich Seines Großmuths hier nicht, mit welchem Er über alle menschliche Zufälle und Verhängnisse ganz unbeweglich pflegte zu steigen, so ist doch Sein Lob schon gross genug, weil es in sich die erste, und fürnehmste Zierde der Christenheit enthält. Wäre ich nicht zu traurig, so könnte ich mich hierbey erfreuen, daß ich Worte mit Gedanken vereinige, die man nimmer der Falschheit überführen wird.

Imposuit duo diademata Capiti suo.
Er setzte zwo Kronen auf sein Haupt.
1. Mach. 11, v.13.
<12>
Ist unsere Kirch ein Himmel auf der Erde, so sind die Bischöfe daran die Sterne von der ersten Grösse; nur ist dahin zu trachten, daß sie, wie diese leuchten, und Strahlen der eifrigen Gottseeligkeit von sich werfen. Was hilft die höchste Würde unsers Heiligthums, wenn sie nicht mit jenen Sorgen, und Pflichten verbunden ist, welche die Hand JEsu Christi darin verlegt hat. Ein geistlicher Hirt, ein Priester, ein Bischof ist ein schlecht tönendes Ertz, und verdienet kein Lob, wenn er nur mittelmäßig tugendhaft ist. Nein: ich darf den Mond nicht rühmen, daß er bald um die Halbscheid, bald um den vierten Theil das Licht verstecke; dieser schlechte Planet giebt hiedurch nur zu erkennen, daß er selbst kein leuchtendes Gestirn sey, sondern fremde Strahlen dann, und wann erbettle; und muß ich nicht vielmehr jenen Hohenpriester tadeln, der nicht ganz, und mit seinem eignen Lichte scheinet, er nicht in der Frömmigkeit vortreflich ist. In

15

Wahrheit ich nenne ihn nicht einmal gut, wenn er nicht noch täglich besser wird; ich nenne ihn ganz unvollkommen, wenn er nur gemeine Verdienste in seiner heiligen Stiftshütte vorlegt. So muß ich urtheilen, und reden, seitdem wir einen göttlichen Erzhirten gehabt, der sein Leben selbst für seine Schafe gegeben hat; nicht anders darf ich sprechen, seitdem der Himmel unsere Erde mit Apostolischen Zeiten gewürdiget. Hier ist der Grund, den wir in die Hand nehmen müssen, wenn wir <13> unsern höchstseligen Aaron stalten wollen. Ich nehme Ihn eben ehrerbietig auf, als ehedem ein Kaiser den seinen aus seinem Purpur zur Ehre GOttes in den römischen Ringmauren getragen hat.

Clemens August finge gleichsam mit dem Leben seine Gottseligkeit an; noch war Er nicht alt, und Sein Andachtsfeur suchte schon jene Triebe, nach welchen selbst die Flügeln der Cherubim flodern; war der Leib an Jahren jung, so war Sein Geist doch alt, er rührte sich aus Eifer für die Ehre GOttes, gleich als wäre er jener, der vormals durch die ersten Bischöfe geredet hat; oft erhebte er sich, und Seine Jugend hatte bereits gelernet, das Gemüth an den Himmel zu heften, wie gewisse Blumen sich wenden nach dem Lauf der Sonne. Ich rede dieses nicht aus mir, nein; jener geistreiche Mund bekennte es vor mir, von dem sein erstes Alter gleich einem Tempel GOttes aufgebauet wurde. Nicht das Unglück, sondern die göttliche Vorsichtigkeit hatte unsern Clemens August aus dem Schooß Seiner Durchlauchtigsten Eltern sehr frühe gerissen, ihre gütige Sorgfalt liesse Ihn in einem fremden Land nur darum erziehen, damit Er ausser den Wohllüsten des Hoff-Lebens durch einen kurzen Weeg für das Heiligthum unserer Altäre gebildet würde. So ist es; fliesset auch der kleine Moses wider den Willen seiner Mutter <14> auf dem Nilstrom, die Augen GOttes führen ihn doch dahin, wo sie seine Bestimmung sehen. Hochansehnliche Trauer-Versammlung! haben wir diese Wahrheit nicht zu unserm grösten Nutzen erfahren? Hier dencken sie, ohne daß ich

1 7 6 1   M ä r z   1 0   P a t e r   B .   H e l m e r i n g   S J :
L e i c h e n r e d e   a u f   K u r f ü r s t   C l e m e n s   A u g u s t   i m
K ö l n e r   D o m

sie daran erinnere, an jenen grossen Tag, an welchem Clemens August zu einem Kirchen-Prälat geweiht worden. Italien hatte die Ehre, das Päbstliche Gebiete war der Schauplatz, Benedict der dreyzehnde legte die Hände auf: durch lange, und schwere Weege waren letztere ausgesucht worden, weil sie mit dem Ruf der Heiligkeit von der ganzen Christenheit verehrt wurden. Nicht so andächtig brennete ehemals das heilige Feur in dem Salomonischen Tempel, als zwey Herzen hier währendem heiligsten weihact wechselweise ihre Andachtsflammen sammleten; Himmel! du darfst es nur entscheiden, wo diese grösser gewesen, und ich, damit ich meinem Statthalter Christi nichts abspreche, darf nur sagen: bey unserm August waren sie so selten, daß alle, die Ihn gesehen, Seine ganze Stellung einem brennenden Dornbusch, den Moses bewundert, verglichen. Indessen lag Er ganz gebückt zu den Füssen des allerheiligsten Vatters, um die Gnadenschätze der Kirche von diesem weit besser, als ein Jacob den Segen von seinem Vatter zu empfangen; Seine Augen fülleten sich mit den zartesten Liebes-Thränen, als oft sie ihre Blicke nach denen Altären warfen, welche sie schon als ihr Eigenthum ansahen; Sein <15> Hertz schmelzte wie Wachs, doch befestigte es jenen Beruf, dessen Bestimmung bereits in der Ewigkeit getroffen war, und unser GOtt, der das Wollen in dem Grund unserer Seelen sieht, bezeugte hierüber jenes höchste Wohlgefallen, mit welchem er das Heiligthum seiner Kirche zu beehren pflegt. GOtt! was soll ich anders dencken! nach deinen geheime Rechten, die wir allezeit mit tiefster Ehrfurcht verehren müssen, gehörte schon damals Clemens August unserm Hochstift zu. Wir wollen uns unser Glück geschwind vorbilden, ein jeder mache sich die Stellung, als sähe er mit Freude den erwünschten Tag herbeyrücken, Ihn als einen geweihten Hirten in seinen selbst eigenen Stiftshütten bewundern zu können.

Sehnlich war bey uns das Verlangen, und mag der Schiffmann wohl nicht so sehr nach dem Haven seufzen, wenn er lang mit den Wellen gestritten, als ein jeder von uns den begehrte, der unsere Heerde führen sollte. Nicht minder eilete Er selbst, unsern Wünschen nachzukommen; und weil Sein Geist uns früher nutzen wollte, als wir Sein theuerstes Leben unter uns haben konnten, so beherzigte Er schon unterwegs, wie Er seine Pflichten in Absicht seiner Kirchen ausrichten wollte. Soll ich dieses recht deutlich sagen, so machte Er es, wie ein wackrer Kriegsmann. Noch ist der Feind ruhig und <16> doch rücket er schon gegen ihn mit seinen Gedancken ins Feld; er vertheilt seine Armee, gleich als müste sie augenblicklich schlagen; hier stellet er den Fußgänger, dort den Reuter; selbst bildet er ihm vor, als stehe er an der Spitze seines Heers und gebe Befehl; er schicket andere, er eilet selbst, wo Gefahr ist; und nun will er List brauchen, jetzt die Glieder verdoppeln, endlich waget er alles, um den Schlag schon mit seinen Gedancken glücklich zu machen, den er bald für das Vatterland mit seinem Blut erkaufen will. Dieses Bild ist ähnlich. Unser Hirt sitzet in dem Wagen dem Leib nach ruhig, aber Sein ganzes Gemüth ist in schneller Bewegung und lauft uns zum Besten geschwinder als der Wage selbst. Die Fruchtbarkeit der Aecker, die Ihm der Himmel zu bauen bestimmt hatte, war der würdige Gegenstand, womit Er sich beschäftigte. O könnte ich in sein Herz hinein steigen, so hätte ich den Vorhang fortgenommen, hinter welchen ich sehen würde, wie Er mit dem Apostolischen Pflug da jene Felder umwerffe, diese hier mit dem Evangelischen Saamen besäe; bald wie er sich umwende und den Hirtenstab ergreife, um den Feind zu vertreiben, der bey nächtlicher Zeit Unkraut unter den Waitzen zu streuen trachtet; nun würde ich selbst erstaunen, wie er blitze wider den Verführer, der daher schleicht die Kirchenzucht zu verderben; Hier würde die Ehrfurcht meine Augen öfnen, um zu sehen, <17> wie Er das Ehrwürdige

18

Priesterthum an seine Stelle setze, nachdem Er ihm ein Leben ange-
haucht, welches man mehr himmlisch als irrdisch nennen darf. Glück
denen Kirchen; sagen hier die Engeln, welche mehr, als ich, gesehen;
Glück denen Kirchen, die einen so wachtsamen Hirten erhalten; und
ich darf sagen: ist unsere Kirch ein Hauß, das ein weiser Mann auf
einem Felsen gebauet; ist sie eine Stadt, die wir auf der Höhe eines
Bergs zu bewundern haben; ist sie ein Schaafstall, welcher den Dieben
Reitzung zum Rauben giebt; ist sie ein Feldlager, das dem Feind Schrecken in den Busen jagt, oder endlich ein Schiff, welches mit Meerwel-
len kämpfet, unser Clemens August wird der Haußvatter, der Stadt-
pfleger, der Hüter, der Feldherr, der Steurmann seyn.

Was konnten wir mehr wünschen? und was konnte bey unsern Wünschen besser seyn, als daß wir alles dessen versichert waren,
was wir wünschten? Unser Hirt stammte aus einem Hause, wovon
man anstehen muß, ob jemals in der Welt ein Tugendhafteres gewesen. Gewiß ist, daß es sich um das Christliche Weesen ungemein verdient gemacht; so viele Gotteshäuser hat es erbauet, daß wann ein
Engel sie zusammen tragen würde, ihre Ordnung in viele Städte
müste abgetheilt werden; die Heerde Christi hat es eben wenig, als
seinen <18> Nahmen, jemals verlassen können; was sage ich? es hat
die Ehre, daß es für diese die herrlichsten Bißthümer aufgerichtet, und
gestiftet; es hat die Ehre, daß die heilige allgemeine Kirchenversamm-
lung zu Trient dieser alten Gottseligkeit sonderheitliche Vorzüge, und
ein erhabenes Lob eingeräumt: und konnte unser Hirt sich wohl aus
dieser heiligen Art versteigen? ein junger Adler muß eben hoch, wie
der alte fliegen, und Clement mußte wohl dem nachkommen, was die
Muttermilch ihm in seine Natur verwandelt hatte. Bißhero hatte noch
keiner die Bayersche Mutterbrust gesogen, ohne den Weltberühmten
Ausspruch des grossen Wilhelmen eingenommen zu haben, worin es
heist, daß die Ehre GOttes allen Bayerischen Kindern immer lieber,

19

als das Leben seyn solle; alle haben ihn noch als ein von GOtt geheiligtes Testament auf ihren Knien angenommen, geküsset, und erfüllet; und soll wohl Clement der erste Verbrecher hierin gewesen seyn, sage ich, der Ihm alles, was heilig war, nunmehro eigen gemacht hatte? fort mit den Hunden, welche die Sterne anbellen dürfen. Doch lasset mich einmal die Muschel erbrechen, um die Perl selbst sehen zu lassen. Nur dringet euch nicht ihr Tugenden! da ich dieses Vorhabens bin; foderet nicht von mir, daß ich allen Antheil nennen, und beloben soll, den eine jede unter euch an unserm Hirten hat; wollte ich dieses, ihr machtet mit wahrhaftig ein Irrwesen, <19> ohne daß eine von euch die glückliche Ariadne[6] wäre, die mit einen dienstlichen Faden geben könnte. Seyd zufrieden, daß man wisse, wie alle, und jede zum ewigen Ruhm unsers frommen Bischofs das ihrige beygetragen; seyd zufrieden, daß dieses bezeugen Städte, und Länder, die Ihn gesehen; Dörfer, und Strohhütten, die Er mit seiner hohen Gegenwart beehret.

Ich reisse mich aus diesem heiligen Gedränge loß. Hochansehnliche Anwesende! sammlen sie nur sorgfältig, ich bilde den unschätzbar Werth, den Clement August in höchsteigner Person uns in seinen Hochstiftern hat vorgelegt. Die Heiligkeit des Orts, worin ich zu reden die Ehre habe, ermahnet mich, daß ich ihrer am ersten gedencke. Höchsteifrig hat sich unser Salomon ihrer Zierde angenommen. Er war der alte Adler, der seinen Kindern hier vorfliegen wollte, um alle dahin zu locken, wo auch die stummen Wände selbst heilig sind, und GOtt seine Gnadenschätze mit voller Hand pflegt auszuschütten. Das ist recht: die Seegel seynd wohl gespannet, wann sie den günstigen Wind auffangen können, und unser Hirt nimmt den Anfang, den alle Häupter nehmen müssen, wenn sie glücklich

---

[6] Ariadne hat sich und Theseus mit einem Faden aus dem kretischen Labyrinth herausgeführt.

regieren wollen. Münster! du bist das erste Ort, was ich hier nennen soll; du hast in einen Ringmauren ein Denckmal, das noch täglich deine Andachtsglut in neue Flammen setzet. Da ist der Ort, wo <20> es aufgerichtet; ehedem sahest du ihn mit einem schlafenden Jacob für unheilig an; nunmehr ist er heilig, und schreckbar, er ist den Engeln, dem Allerhöchsten selbst zur Wohnung bestimmt. Er pranget mit einem herrlichen Gebäude, das dem Heiligen Clemens eingeweihet worden; wem hast du das zu verdanken? Treibt dich ein heiliger Eifer an, das wunderthätige Bild von Loreto zu besuchen; nicht ist es nöthig, die rauhen, und steilen Alpengebirge mit andern Pilgrimmen zu übersteigen, nein; hier ist es, wo du ein gleiches hast; welcher Engel hat es dir auf seinen Flügeln zugetragen? Hier haben ihre Ruhestatt genommen die heiligen Blutzeugen Christi ein Maximus[7], ein Crescentius, ein Liberatus, ein Aureus; wo ist der Himmel, der dir diese glorwürdige Gebeine in deinen Schoos verlegt? hier verrichtet der Priester alle Tage grössere Wunder, als ehedem ein Josue; wer ist dieser Gottheiten Urheber? Ich müste mich schämen, wenn ichs nicht mehr wüste; und dich müste ich gleich einem Pharao ersäuffen, wenn du dessen schon unwissend seyn wolltest. Noch lebt der Redner, der den Urheber gelobet, du selbst wärest zugegen, und hast ihn bewundert, noch – aber ach! ich sehe schon deine Thränen! warum benennte ich den nicht gleich anfangs, den sie beweinen? warum sagte ich nicht? Münster! dein Clement ist todt, der deine Mauren gleich einer andern Stadt Jerusalem, davon David rühmet, auf den heiligen Bergen gegründet; Ach! lobt GOtt dich mehr, <21> als ehemals, wegen der

---

[7] Maximus: Diakon † um 249 in Aquileia. Maximus war unter Kaiser Decius verfolgt und von einem Felsen zu Tode gestürzt worden. – Crescentius starb mit Liberatus in Nordafrika. – Liberatus: Abt und Märtyrer aus Nordafrika des 5. Jahrhunderts. – Aureus (* unbekannt im Rhone-Loire-Gebiet; † um 436 oder 451 in Mainz) soll in der ersten Hälfte des 5. Jahrhunderts Bischof von Mainz gewesen sein.

ausserordentlichen Andacht, die aus deinen Kirchen gegen seinen himmlischen Thron aufsteiget. Clement war der Urheber, dem du dieses zu verdanken hast.

Schnell fliegt der heillige Eifer meines Höchstseligen Hirtens, und ich muß mich fast ermüden, um Seinen Trieben auch nur mit den Gedanken nachzukommen; ich eile ihm nach, und finde Ihn in einem Landesstrich, wo der Ackersmann sich ehemals entkräften muste, ehe Er zu einem Seelsorger kommen konnte. Selten sind da die Dörfer, noch seltener die Pfarren; ich darf diese Gegend bedauren, als eine Wüsteney für das gute Israel; und Sie Hochansehnliche! um den Gegenstand, davon ich rede, zu begreifen, stellen sich nichts anders vor, als jene wenig bewohnte Oerter, die man auf dem Hümmeling im Hochstift Münster antrift; da ist das Betrübte, was den gottselige Geist unsers Hirtens unerträglich fällt; Er weinte darüber wie Christus; als letzterer Lazarum, den er liebte, zum Leben erwecken wollte; Er sahe den Himmel an, und konnte nicht leiden, daß diese Erde so wenige Hirten zählte; Er war auf Hülfsmittel bedacht, und fand sie alsobald, weil die Gottseligkeit Seine Gedanken einrichtete. Wie geschwind ist doch unser Hirt, wenn es um die Ehre GOttes zu thun ist! Dieser sonst öde Weinberg hat schon seine <22> Arbeiter, er ist bestellet aus dem Seraphischen Capuciner-Orden: Er ist wiederum der Christus, der diese Jünger da speiset; da betten sie in einer Kirch, die Er ihnen errichtet; da verehren sie den grossen Kirchenschatz eines heiligen Fructuosus[8], dessen Gebeine Er ihnen geschenkt. Christen! die ihr diesen Welttheil bewohnet, saget in Zukunft nicht mehr, daß euch

---

[8] Fructuosus († 21. Januar 259) war der erste namentlich bekannte Bischof des weströmischen Tarraco (heute Tarragona in Katalonien). Während der Christenverfolgung unter Valerian und Gallienus wurde Fructuosus gemeinsam mit seinen Diakonen Augurius und Eulogius ins Gefängnis geworfen und als Märtyrer zum Feuertod verurteilt.

Unterweisung mangle, nehmt nicht mehr zur Beschönung den Abgang der Geistlichen: unser Gesalbte des HErrn hat eure Gegend von
diesen Fehlern, wie ein Moses das reisende Israel von dem Durst, be-
freyet. Felder, und Wälder! wo ihr bewohnet werdet, gewiß ihr zählet
jetzt Apostolische Schritte genug; nur liegt es an euch, daß ihr folget;
seyd ihr noch unwissend, verklaget euch selbst, und verdammet jenen
Knecht, der ein Vergnügen haben kann, wenn sein Talent müßig liegt.

Noch will ich in dieser Wildnisse mehr heiliges für meinen
Clement entdecken, da fodert mich ein Hochstift Paderborn, es ruft
mit einer heiligen Ungeduld: Hieher! was machest du so langem der
Einöde? Hier rede, hier bewundere vielmehr den Eifer, welchen Clement zur Ehre des wunderthätigen heil[i]gen Liborii der Welt hat vorlegen wollen. Hochansehnliche! ich habe einmal in das hohe Meer gestochen, ich muß durch die Fluten. Nehmen Sie zum <23> Gegenstand
eine Andacht, welche, wie es schiene, ihre höchste Stupfen schon in
den uralten Zeiten Baduards zweyten Bischofs benennten Hochstifts
erreichet hatte; in diesem greisen Alterthum war bereits Liborius der
allgemeine Schutzheilige, und ich erinnere mich so weit her wann ich
sage: Ihm nächst GOtt schrieb der Landmann zu, daß seine Saat
wachste, ihm verdankte der Bürger den ruhigen Genuß seines Gewer-
bes, ihm opferte der Kranke, wenn er gesund geworden, ihm brachte
der Bedrängte Gelübde, wenn er Noch litte; ich darf sagen: Liborius
war das andere Hertz eines jeden Einwohners; und konnte der Himmel selbst hierin fast nichts mehr, als wünschen, daß diese heilige
Glut ewig möchte unterhalten werden. Clement August wollte, und
konnte dannoch neue Flammen zutragen. Sehet! schon fährt dieser
Eiferer der Ehre GOttes durch die Saurländischen Alpen; bilden Sie
sich bereits hier einen auf den feurigen Rädern schnell fliegenden
Eliam vor; schon treffe ich Ihn an zu Neuhaus in Seinem Schloß; schon
verordnet Seine Davidische Hand eine Jubelfeyer, die Unkosten

bestimmen den Pracht und weil erstere fast nicht grösser seyn konnten, so läßt sich leicht von letzterm urtheilen; Rom muß die Gnadenschätze Christi eröfnen, und einen vollkommnen Ablaß hergeben.
Selbst die Churfürstlichen Häuser von Bayern, und Pfaltz wurden ein-
geladen. Wunder der Andachtshitze! und diese, o Seltenheit! soll ihre
Flammen ganze acht Tage sehen <24> lassen! Viele Länder ringen
würklich, und lassen unter frohen Glockengeläut ihre Fahnen fliegen;
ich kann die hohen Stände { so viel erschienen} nicht zählen; Pomp,
und Pracht bilden viele Sonnen, die mich verblenden. Zweifele man
nur nicht: alles ist bestimmt zur Ehre des grossen Schutzheiligen Liborii; seine verehrungswürdigste Gebeine werden bewegt, und nun
will die Ehrfurcht selbige unter einer Welt Menschen herumtragen.
Die Andacht nimmt ihren Anfang. Hinweg mit dem, was äußerlich
einen Schein hat; hinweg, sage ich, das Prächtige! ich frage nicht mehr
nach dem Glanz, nicht nach den Infuln der Kirchenprälaten, nicht
nach dem Schmuck geist- und weltlichen Standes; nein, zurück mit
diesen, da ich nur meine Augen aufreissen muß, um das gottselige
Betragen meines Hirtens zu betrachten. Hochansehnliche Trauerversammlung! darf ich sie fragen, wie stellen Sie sich denselben vor?
Fährt Er dabey in einem prächtigen Wagen? oder läßt Er sich auf einem mit goldenen Decken ausgezierten Pferde sehen? eine weltliche
Michol mag so nichts werthe Abgötter stalten; unser Hirt geht zu Fuß,
Er geht in der Stellung eines Büßenden, Er ist wohl der Andächtigste,
der Eifrigste: bald trägt Er das Hochwürdigste Gut; Sein Geist dabey
ist jenem gemessen, den der gekrönte Prophet bey der Bundesladen
hatte; bald menget Er sich mit Seinem Rosenkranz unter das Volk; will
man Ihn davon unterscheiden, so muß man acht geben, wer der Ein-
gezogenste ist: <25> Brennet seine Fackel hell in seinen Händen, Himmel! du bist Zeuge, daß Sein Herz weit bessere, und hellere Flammen
dabey ernährte. Da habe ich schon das, was der gröste Kriegsheld

24

nicht vermag; dieser hat nur gelernet zu verderben, wenn er Länder bezwingen will; hier lernen wir von unserm Hirten die beste Vestung aufzubauen, worinn der Feind mich nicht beunruhigen, oder wenigst überwinden wird, wann ich den Himmel suche zu bestürmen.

O! daß ich Ihnen alle edle Bewegungen unsers höchst seligen Augusts vorlegen könnte, wodurch Er immer angetrieben wurde alles zu ersinnen, nur Seine, und Seiner christlichen Heerde Gottseligkeit mehr, und mehr anzuflammen. Das Hochstift Münster ist wiederum der Ort, welcher mich zurück nimmt. Einwohner dieser Weltgegend! unterbrechet meine Rede, wann ich sie auch nur in etwas erhebe. Ihr verehrt auf euren Knien an einem heiligen Ludgerus, daß er eure Götzen hier, wie ehedem Moses das goldene Kalb, der erste zu eurem ewigen Heyl zerbrochen; noch stattet ihr täglich in eurem Heiligthum Dankopfer dafür ab; ihr wustet auch den kleinen Raume der Erden zu nennen, wo dieser eur erster Apostel sein vor GOtt, und der Welt kostbares Leben geendiget hatte; aber war es nicht als eine ewige Schande anzusehen, daß ihn bishero eine unheilige Hütte bedecken durfte, <26> wo doch schon längst ein Tempel hätte stehen müssen, damit die Tochter Sion dem das Lob hätte anstimmen können, welchem sie nächst GOtt ihre Kirche, und ewige Glückseligkeit zu verdanken hatte? Ey! ihr Ehrwürdigen Greissen! die ihr mit der Inful, und dem Hirtenstab vor unserm Clement hier die Kirche verwaltet, soll ichs euch verzeihen, daß ihr nicht an diesen Theil eurer Pflichten eure Gedanken, und Hände geschlagen? Kann ich euch vergeben, daß ihr nicht auf die Stadt Billerbeck, und in derselben auf dies schlechte Häuslein eure sonst scharf sehende Augen geworfen, wo sich der kostbare Tod eures ersten Lehrmeisters zugetragen hatte? Doch ich muß die Vorsicht GOttes hierinn anbetten, weil sie zugelassen, daß unser Hirt dieses Orts einen Eifer der Nachwelt zeigen konnte, den vor Ihm noch kein eintziger ernähret hatte. Er war dann der erste, dem diese Wohnung, als lang sie ungeweiht war, nicht anders als ein gräuliches Bild vorkam, das zertrümmert muste werden. Sein Hirten-stab jagte auch alsobald die Welt da fort, wie ehemals Christus die Verkäufer aus dem Salomonischen Tempel; nicht allein die Stühle und Bänke, sondern das ganze Hauß wurde umgeworfen, und es muste aus diesen Trümmern ein Denkmal der ersten Christen gleichsam er-wachsen; ja unserm Hirten gelunge es, da die Pforten Sions zu eröf-nen, wo sonst nicht einmal ein schlechter Tabernackel Jacobs gestan-den. Helfet mir reden <27> ihr eifrige Bußprediger! die ihr itzt alle Jahr dahin eilet; die ihr da ganze acht Tage schwitzet, um einer Welt gottseligen Menschen die heiligen Sacramenten auszutheilen; helfet singen ihr Christen! deren Andacht sich nun von weit entfernten O-ertern unter vertheilten Kirchenfahnen versammlet, um Ludgero da Lob und Danklieder anzustimmen, wo sonst der Weltgeist die Zeit theilte; redet, und singet aber allezeit auch zum unsterblichen Ruhm dessen, der diese eure nichtswerthe Erde gleichsam in einen kostbarn Himmel hat verwandeln können.

Aber wie weit komme ich, wenn ich mich bey allen Thaten unsers höchstseligen Augusts so lange aufhalten will? Ich weis nicht, wie ichs mache. Foderest du mich itz liebes Hochstift Hildesheim! so ruft mich gleich zurück ein Erzstift Cölln; willst du, daß ich dir er-zehle, wie Er sich um deine Altäre beeifert, so verlangt ein Erzstift, daß ich mich ihrer Gotteshäuser zu Seinem ewigen Lob erinnere. Hier ist in Wahrheit ein Streit, worüber sich mehr als neun und neunzig Engeln erfreuen müssen; und ich habe keine Beredsamkeit mehr, daß ich ihn glücklich ausmachen kann. Ich unterliege der heiligen Bürde, und lasse die Oerter selbst reden, wo die Denkmäler Seiner Gottselig-keit aufgerichtet sind; und o GOtt! wo sind sie nicht aufgerichtet? Wo ist wohl eine Kirche, die nicht entweder ihren Ursprung, oder wenigst ihre Zierde unserm August zu verdanken hat. Bonn, <28> Brühl,

Arensberg, und Hirschberg in dem Hochstift Cölln; Liebenburg, Woldenberg, Ruthe, und Bockenem in unserm Hochstift Hildesheim; Wahn im Hochstift Osnabrück; Meppen, und andere Städte im Hochstift Münster; Lügde im Hochstift Paderborn sind lebendige Zeugen davon; alle prangen mit neuen Gotteshäusern; die nur von seiner Freygebigkeit erbauet worden. Und das was Er für die innere Zierde der hohen Domkirche zu Osnabrück; für Erbauung der Römisch-Catholischen Kirchen zu Berlin, Arolsen, Bareuth, und Saarbrück beygetragen hat, stellet wohl einen nicht geringen Goldberg vor. GOtt! niemals achtete unser Erzpriester das Geld, wenn es für die Ehre GOttes sollte angewendet werden. Sein Hertz freute sich, wenn Seine Schatzkammer deswegen auch gar erarmen muste. An denen Oerter, an welchen von unserer Christenheit ein wunderthätiges Bild Mariä verehret wurde, war Er gleichsam verschwenderisch; wenn doch dieser unheilige Nahm Platz haben kann in dem, was GOtt, und seinen Heiligen gegeben wird. Ein marianisches Laureto in Italien, ein marianisches Oettingen in Bayern, Kevelaer im Geldrischen, Telgte im Münsterischen Gebiete erfreuen sich noch über diese so seltene, als heilige Verschwendungsart. Still! erinnere man mich nicht, daß unser Hirt am letztem Ort noch jüngst eine Jubelfackel zu der Ehre unser göttlichen Mutter Mariä aufgesteckt; genug, daß wir sie noch sehen brennen; genug daß wir noch wissen, wie <29> sehr die Welt über diese Andacht erstaunet. Eine wundere Sach! Es ist, als wenn die gottselige Freymüthigkeit unsers Augusts von keinen Schranken weis! auf allen Seinen Reisen durch Deutschland, Frankreich, und Italien hat Er fast niemals ein Gotteshaus besuchet, worinn Er nicht eine recht fürstliche Freygebigkeit hinterlassen; Benevent in Italien erstaunet noch über jene sechs goldene, sehr schwere Leuchter, die Er auf ihren Altärn als ein Denkgemälde Seiner Andacht ehedem aufgestellet. Aber warum gehe ich so weit? Besitzet nicht die einzige hohe

Domkirche zu Cölln so viel von Ihm, daß ich fast sagen darf, Er habe in ihr Heiligthum das Vermögen vieler Länder getragen; fast den ganzen Kirchengeschmuck, dessen unser Clement bey der Krönung, wayland Kaisers Caroli VII. Seines unsterblich glorreichen Bruders Sich ehemals zu Frankfurt bediente, bekam sie von Seinen Händen als einen Schatz, der in Wahrheit alles das in sich enthält, was man von Werth, und Kostbarkeit gedenken kann; gar Seine letzte Willensverordnung wirft endlich alles, was noch übrig ist, auf diese Altär, da sie den künftigen Erzbischof zum Erben einsetzet: hiemit will unser Clement nichts nachlassen, oder was Er nachläßt, soll allein der Kirche gehören. Gewiß, da ist der Himmel voll der schönsten Sterne; und ich denke: Belohnet der HErr Himmels, und der Erden einen kalten Trunk Wassers, den ein Bauersmann <30> den Armen reicht, in welchem Ueberfluß trmmphiret nunmehro nicht unser Clement August dort über uns, wo sich GOtt selbst ohne Decke den Seeligen in der ganzen Völle mittheilet.

Itz wären sie ungerecht, wenn sie gedächten, als hätte unser höchstselige Hirt Seinen eignen Tempel will nicht sagen verabsäumet, sondern ohne dafür zu sorgen, ruhig liegen lassen. Nein: hat der berühmte Parrhasius[9] fremde Gemählde so schön gebildet, so hat er ohne Zweifel das seine am schönsten getroffen; und unser Clement hatte schon lang gelernet, daß nicht so sehr die Zierde der stummen, und leblosen Kirchen, als das lebendige Beyspiel, und der Vorgang grosser Fürsten selbst jenen Brunnen stalten müste, woraus der Unterthan die Triebe zur heiligen Nachfolge zu schöpfen pflegt. Einen eifrig bettenden Christen muß unsere Kirch an ihrem Oberhirten

---

[9] Parrhasios war ein griechischer Maler aus Ephesos. Er war Sohn und Schüler des Euenor und wirkte in der zweiten Hälfte des 5. Jahrhunderts bis in die ersten Jahrzehnte des 4. Jahrhunderts v. Chr. in Athen.

haben, wann die Heerde Glück, und Segen haben soll. Unser Clement konnte hievon eben wenig abgesondert werden, als der geschliffene Diamant von seinem Schimmer. Gewisse Stunden waren alle Tage dem Gebett gewidmet: Er bereitete sich hierzu durch eine ganz sorgfältige Versammlung; Seine Vorstellungskraft muste sich vorher reinigen, Sein Verstand erheben, sein Wille entzünden; und wie das Wasser rein fliessen muß, wann es keine trübe Quelle, noch irrgendwo einen Schlamm antrift, so muste ja bey solchen <31> Vorbereitungen sein Gebett immer aufmerksam, immer eifrig, und liebvoll seyn. Da habe ich den süssen Weyhrauch, den der Himmel verlangt. Die Demuth ist für alle Menschen eine reitzende Tugend, besonders aber zieret sie hohe Häupter, denen sie kostbarer seyn muß, als die beste Perl in ihren Kronen. Ich darf hier wohl trotzig fragen: wer war wohl demüthiger, als unser August? In den feyerlichen GOtt, und seinen Heiligen gewidmeten Umgängen war Er fast immer, und allezeit zu Fuß, allezeit mit entblößten Haupte; in eben dieser unbedeckten Stellung gienge Er mehrmals etliche Meileweegs bey rauhem Regenwetter Pilgerfahrten halten. Alle Jahr sahe man Ihn wenigst einmal mit Christo zu den Füssen der Armen liegen; da bückten sich Seine gepurperte Schultern, da streckten sich Seine geheiligte Hände aus, um selbige zu waschen; Er diente ihnen darauf zu Tische, reichte die Speisen her, und schwitzte unter dieser so heiligen, als niedern Last; endlich entliesse Er diesen Bettel mit der höchsten Ehrerbietigkeit, und freute sich heimlich ab einer Eigenschaft, die Ihm Seinem Heylande ganz ähnlich gemacht hatte. In den persönlichen Pflichten Seines Priesterthums hatte Er was besonders; Seine Kanonische Tagzeiten las Er täglich auf Seinen Knien. Er finge selbige an, und setzte sie fort nach der vorgeschriebenen Kirchenordnung; kein Wort durfte Ihm entwischen, was Er nicht vollkommen ausgedruckt hatte, Er war mehrmals ängstig und wollte wiederholen, was Er doch <32>

29

sorgfältig genug ausgesprochen: Wohl nicht so sehr ringte ehedem der Patriarch mit dem Engel, als unser Hirt mit Seinem Breviar. Wollte Er das Pontifical-Amt der heiligen Meß halten, kaum ein ganzer Tag konnte Ihm die nöthige Vorbereitungszeit verschaffen. Solche alte Kirchenaugen hatte Er! sie sahen weit heiliger als der weltliche Argus, sie sahen, daß selbst die Engeln, wie himmlisch sie auch sind, bey unsern Altärn nicht rein genug seyn können. Denken sie nicht, als wär dieß meine Erfindung; ich will mein Leben verlieren, wenn ich hierinn der Unwahrheit kan überführet werden; nur wünschte ich, daß an meiner Stelle hier stünden, welche Ihm in dem Heiligthum nahe an der Seiten gestanden, ihre Ausdrücke davon würden lebhafter, als die meinen seyn; sie würden uns in eine rührende Empfindung setzen können, wenn sie uns vorstelleten Seinen Glauben, Seine Hofnung, und Liebe, diese edle Tugenden, sage ich, welche vorzüglich den Priester, wen[n] er opfert, beseelen müssen; wir würden von ihren Zungen erlernen den Anmuth, mit welchen Er Seine Augen und Hände gegen den gekreutzigten Heyland ausgestreckt; wir würden gleichsam noch sehen die Zärtlichkeit, mit welcher Seine Augen die Liebsthränen, und Seine Hände die Andachtsseufzer sammleten. Doch warum fodere, oder wünsche ich dies? Ist es nicht genug, daß ich noch viele kenne, welche mit einem Eydschwur bestärken wollen, daß Sein Liebesfeur <33> niemals heller, und reiner gebrennet, als wann es sich auf den Altärn des Heiligthums entzündet hatte.

Hochansehnliche Trauerversammlung! verlangen sie noch mehr? Ich darf unter Seine Pflichten rechnen die Andacht zu der allerheiligsten Mutter GOttes Mariä; dies dürfen sie mit nicht absprechen, wenn ihnen das Bayersche Hauß, oder vielmehr dessen Geist bekannt ist. War Er nicht allezeit marianisch gesinnet? und hatte Er wohl etwas in Seinem grossen Körper, daß Er dieser Himmelsköniginn nicht widmete? Freud und Ehr verbanden sich in Seinem

Hertzen, wann Er sich auf Seinen Knien als ihren Sklaven nannte; Ehrfurcht und Vergnügen stritten in Seinem Gemüthe weit heiliger, als ein Jacob und Esau im Mutterleib; wann Er zu ihrer Verehrung neue Versammlungen stiftete, und das bey andern einführte, was Er von Seinen ersten Jahren her als eine Erbtugend anzusehen pflegte. Fiel ein marianisches Fest ein, Sein gantzer Hofstaat muste mit Ihm fasten. Mit einem Gelübde hatte Er sich verbunden zur Ehre dieser grossen Mutter alle Sambstage drey heilige Messen zu hören; niemals liesse Er diese aus, nicht einmal dann, wann der Himmel stürmte, und seine Platzregen mit seinen Donnerkeilen vermengte. Nein; war dieses eine Ursach, warum der heilige Benedict aus seinem Kloster bliebe; so setzte doch unser Hirt immer durch, um Seiner, weis nicht, ob ich hier noch sagen darf, Schuldigkeit <34> nachzukommen. Nahe bey Paderborn ist dessen die Römische Kapelle mein Zeuge. Neuhaus war der entfernte Ort, wo Clement sich aufhielte, und von diesem eilete Er durch allerley Fluten des oft stürmenden Wetters, um das Opfer dort in der Kapelle zu entrichten, das Er dem Himmel verheißen hatte. Gar, wann Er erkrankte, und das Bette hüten muste, konnte Sein in der Andacht allezeit vestes Gemüthe den Schwachheiten nichts nachgeben; es schafte Anordnungen, daß vor Seinem Krankenbette drey Priester das unblutige Opfer verrichten musten, dem Er mit gesunder Andacht immer beywohnte; das ist gewiß eine heilige Seltenheit! trotz! ich verschäme den, der sie mir leugnen darf. Ich bin zwar hierinn der Augenzeuge nicht; doch spricht noch der Priester mit mir, der selbst dieser Bewunderungsvollen Anordnung hat nachkommen müssen. Und hier soll man wissen, daß ich von einem Hirten redete, der niemals auch auf den beschwerlichsten Reisen die heilige Messe verabsäumet, der als Hoch- und Teutschmeister alle Tage Seine sogenannte Coroll; als ein Christ seinen Rosenkranz ohne Unterlaß gebetten; Ja den Maria unsere Mutter, weiß nicht wie oft, mit Schweiß

überronnen gesehen, wenn Er sie zu verehren mehr als zwölf Meile-
wegs zu Fuß gekommen war. Das klingt wohl eben gottselig, als wann
ehemals der gekrönte Hirt unter andächtigem Psalmengesang Seine
Harffe schluge. <35>

Hochansehnliche Trauerversammlung! Können Sie noch eine
Eigenschaft aussinnen, die meinem August zusteht, ohne daß Er sie
Ihm eigen gemacht? Soll der Bischof mässig seyn? Er ist es: so grosse
Milde Ihm die Natur selbst gleich bey dem ersten Lebenshauch mit-
gegeben hatte; so sehr eiferte sie doch gegen ein jedes Laster, welches
die Mäßigkeit verletzte; diese hier war stets Sein Augapfel dem sich
der ganze Hoff ähnlich machen muste. Er wollte von einem jeden be-
obachtet wissen, daß die Speisen nur zur Erhaltung des Leibes, und
der Wein zur Stärkung der Glieder dienen dürfte. Verlangen sie, daß
ich ihnen hierinn kurz, und nachdrücklich reden soll: so war Clement
in dieser Tugend das, was die Sonne ist, die kein Stäubgen leiden
kann. Erlaubte Er Seinen Unterthanen an gewissen Tagen in der heiligen Fastenzeit das Fleisch; so fand Er doch immer Sein Manna in den
Fastenspeisen. Bald ist dieses gesagt; aber wie schwer es zu halten,
wissen jene, welche so oft gleich den Juden in der Wüste, nach denen
Wachteln schreyen. Und wollte ich nun hier einem heiligen Augustin
nachrufen, so hätte ich da eben eine Tugend genennet, welche, weil
sie eine fruchtbare Mutter vieler andern ist, ihren Werth von den
höchsten Himmelsstühlen sammlet. Spanne mit aber keiner den Bo-
gen zu hoch; erinnere er sich, daß ich von einem Hof rede, wo man
jene Mäßigung nicht suchen muß, welche die Hütten <36> dern Ein-
siedlern verwunderlich machet. Wollen sie es wisst? Auch Pomp und
Pracht ist eine Zierde eines geistlichen Hirtens, wenn er DER ist, den
ich belobe.

Christus, welcher unser HErr ist, verbietet es nicht. Ein geistlicher Hirt muß Christo ganz nahe nachfolgen, ist wahr; nicht aber ist

wahr, daß diese Nachfolge in der Nachahmung der äußerlichen Auf-
führung bestehe. Einfältig dencket derjenige; nicht einmal hat er seinen Kopf betrachtet, nicht weis er, wie, und wo er schläft; wenn er
meinet, man müsse alles das äussere thun, was Christus gethan hat.
Nein, unsere Obliegenheiten steigen an etwas höhers, und sie lassen
sich nur da bilden, wo die Triebe des Herzens gebohren werden. Nicht
wird erfodert, daß alle, wie JEsus, zwischen unvernünftigen Thieren
im Stall zu Bethlehem schreyen; wohl aber, daß ein jeder, wie Er,
sanftmüthig, und demüthig von Hertzen sey. Billigen sonst die Umstände einen strahlenden Aufzug, ich sage es noch einmal, der HErr
mißbilliget ihn nicht. Ach ja! ein heilig büssender König darf in dem
Purpur erscheinen; und selbst der Heyland, ob er schon eine Stand der
Erniedrigung erwehlet, ließe zu, daß ihn die morgenländische Weiß-
heit anbettete, und beschenkte; gar zeigte er sich in einer Verherrli-
gung auf dem Berg Thabor; gar durfte man ihm zu Jerusalem mit Pal-
men entgegen eilen, und das <37> frohe Osanna anstimmen. Aber
wollte ich dieses melden, um eine Schutzrede zu halten, so habe ich
mich verfehlet; muste mir ja bekannt seyn, daß grosse Herrn zwar
nicht ausser dem Tadel des gemeinen Pöbels sind; dannoch ein Hertz
in ihrer erhabenen Brust ernähren, welches von der Muttermilch er-
lernet hat dergleichen Niederträchtigkeiten, wenn sie wieder ihre Personen aufgefangen werden, weniger, als der Eichbaum den Wind zu
achten.

Hier erinnere ich mich an Umstände, über welche ich ausrufen muß: ach! daß sie die Welt so gut, wie der Himmel wüßte! Ich
habe zum Gegenstand die letzten Lebensjahre unsers höchstseligen
Landeshirten; ich sehe, wie ausserordeutlich gottselig Er diese noch
zugebracht. Es scheint, als habe ich bishero nur Blumen für das Opfer
gesammlet, und nun solle das Opfer selbst aufgedeckt werden. Sein
Hofstaat wurde eingeschränkt, die Andacht hingegen vermehret; ofne

Lustbarkeiten fanden keinen Platz mehr, oder wenn sie noch bisweilen musten gesundheitswegen angenommen werden, so wuste Er selbige durch einen heiligen List mehr der Seel, als dem Leib zu widmen. Ihr Büchen und Eichen seyd meine Zeugen! wie oft verbarg Er sich nicht im Schatten eures Gebüsches, bate auf Seinen Knien, und schüttete Seine Seel GOtt aus; da indessen der Hofmann, der Ihn begleitet <38> hatte, dem Wildprett nachsetzte. Die Welt, als viel Seine Würde leiden konnte, wurde Ihm unbekannt. Er lag denen Betrachtungen himmlischer Dingen ganze Stunden ob, um sich denen Eindrücken der göttlichen Gnade desto fähiger zu machen; und damit hierinn kein Verdrus einschleichen möchte, hatten alle Seine Palläste einen guten Vorrath verschiedener geistreichen Bücher, die Er wechselweise brauchte, wie die Bienen die Blumen, wann diese den süssen Honig sammlen. Er ringte oft mit den vergangnen Zeiten; und wo Er einen Fehler Seiner Jugend antraf, setzte Er, wenn ich also reden darf, den Gewalt an, welchen ehedem Samson blicken liesse, als er sterbend die Säulen zertrümmerte: mehrere ganze Täge fastete Er, und dieses besonders in der Charwoche; ja in dieser heiligen Zelt sähe man Ihn fast immer in den Kirchen, und bey den Gräbern betten. Sonderbar liebte Er jenen Kreutzberg ohnweit Poppelsdorf, wo Er zur Ehre des gekreutzigten Heylandes ein prächtiges Grab hatte aufrichten lassen; hier verbarg, und verlohr Er sich gleichsam; hier saß Er unbeweglich, und ließ nichts von jenen Wahrheiten, welche das Kreutz vorstellet, unberühret; Er vertiefte sich darinn dermassen, daß er nicht sähe, wer um Ihn stunde; daß Er den nicht bemerkte, welchen Er sahe, und den nicht hörte, welchen Er nothwendig hätte hören müssen, wenn Sein ganzer Geist nicht in GOtt gewesen wäre. Oeffentlich wohnte <39> Er alle Jahr den geistlichen Uebungen meines Helligen Vatters Ignatii bey, und allezeit mit der grösten Auferbaulichkeit; aber Seine letzte Jahren waren hierinn so beschaffen, daß ich anstehen muß; ob ich Ihn

1 7 6 1   M ä r z   1 0   P a t e r   B .   H e l m e r i n g   S J :
L e i c h e n r e d e   a u f   K u r f ü r s t   C l e m e n s   A u g u s t   i m
K ö l n e r   D o m

nennen soll einen offenbar büssenden David, oder einen in der Liebe
GOttes hoch fliegenden Adler. Ich mag es nicht sagen, was es bedeuten soll, wenn man Ihn mehrmals des Nachts rufen höret: Gott sey
mir armen Sünder gnädig! Ich will es nicht untersuchen, wo es hergekommen, wenn man da den Boden benetzet fande, wo Er sich ein
Zeitlang in einer heiligen Stille aufgehalten: Sammlet fleißig ihr Engeln! ihr findet hier Perlen, welche nur für den Himmel dienen;
sammlet auch fleißig ihr Sünder! ihr findet hier Beyspiele, welche
euch den Stein geben, der eur Herz zerknirschen muß.

Wie wohl muß es nun der christlichen Heerde gewesen seyn
unter einem solchen Oberhirten? Hochansehnliche Trauerversammlung! geben Sie zu, daß ich dieses noch in der Kürze abhandele. Dann
es stutzen vielleicht einige, und fragen, wie es möglich sey gewesen,
daß ein Mensch, davon ich viele, und verschiedene Heerden, als Seiner Vorsorg anvertrauet waren, mit genügsamer Wachsamkeit habe
weiden können? Ja das war möglich; ja dies ist Ihm gelungen, wie es
einem wackern Kriegsheld zu gelingen pflegt, der fast eine halbe Welt
gepanzerter Schaaren gut anzuführen <40> hat; dieser nimmt mehrere Augen an, und wird ein Argus; Er hat untergeordnete Männer,
die an Geschicklichkeit alle die Stelle des Befehlshabers selbst würdig
vertretten können. Unser Hirt hatte sich diese Klugheit ganz eigen
gemacht; ein jedes Bißthum, das Er verwaltete, hatte immer, wie es
noch hat, Unterhirten, die mit Ihm und auch statt Seiner über die
Heerde Christi wachen musten: Er war die Quelle; diese hier die Bäche, und Ihm gereichet es zu einem unsterblichen Ruhm, daß es zweifelhaft geworden, ob die Quelle, oder die Bäche das Wasser reiner,
und schneller getrieben. Ich muß hier still schweigen, und den Finger
auf den Mund legen; weil ich weis, daß diese, wovon ich um wenigst
etwas reden müste, das Sterbliche noch mit mir herum führen, welches den Kitzel des menschlichen Lobs dermalen nicht vertragen will.

35

Ich kehre dann zu unserm höchstseligen Landeshirten zurück. Wollen sie es wissen, was ich davon noch zu loben habe? Er war es, der den Last Seiner geistlichen Regierung zwar mit andern getheilet hatte; doch schlummerte Er niemals dabey ein. Nirgendwo war ein Vorfall, den Er nicht mit Seinem Ansehn unterstützte; nirgendwo brauste ein Sturmwind, wo Er nicht Seinen gewöhnlichen Eifer erneurte; schickten sich Seine Schaafe, Er empfand eben die Freude, welche hierüber die Engeln im Himmel nach den Worten des Evangelii vorlegen; verrichtete der Seelsorger sein heiliges Amt; nichts konnte Ihn so empfindlich <41> rühren als dieser Vortheil; Er eiferte selbst mit allen, und Sein Eifer war sinnreich. Er erfand einen heiligen Zwang, daß alle Pfarrer, wo sie immer ihre Schäflein weideten, ihren Obliegenheiten ohne Ausnahme nachkommen musten. Sehen wir noch, wie diese Ehrwürdige Männer zusammen treten, um alles genau zu untersuchen, und zu überlegen; was zur Aufnahme ihrer Heerden dienen kann; findet noch ihre Liebe was von Fehlern verbessert, ersinnet ihr Eifer, was zur Ehre GOttes vermehret kann werden; klagt ihre Demuth ihre Verbrechen selbst an oder läßt sie zu, daß man ihnen diese mit Bescheidenheit vorhalte? streiten sie selbst unter einander wie Petrus, und Paulus; prüfen sie sich, in der Gottesgelahrtheit; handeln sie ab die Kirchenzucht; untersuchen sie das auferbäuliche, und ärgerliche ihrer Pfarrkindern; kurtz gehen sie durch alles, was sowohl sie selbst wachtsam, als die Heerde rein erhalten muß; und müssen sie diese heilige Unterhandlungen, wie ehedem in der ersten Christenheit, zu denen bestimmten Zeiten wiederholen; so bewundern wir eins Erfindung unsers höchstseligen Hirtens, den wir daher als einen andern Salesium verehren müssen; wir haben auch zugleich ein Werk, was Ihn allein unsterblich machen muß; ein Werk, wofür Ihm Seine Hochstifter niemals genügsamen Dank abstatten werden; ein Werk, dessen Nutzen mehr der Himmel als die Welt erkennen kann.

1 7 6 1   M ä r z   1 0   P a t e r   B .   H e l m e r i n g   S J :
L e i c h e n r e d e   a u f   K u r f ü r s t   C l e m e n s   A u g u s t   i m
K ö l n e r   D o m

Und wie hoch muß dieß angemerkt werden, was Er für <42> die Heilige Mißionen gethan? keine war, die Er nicht beförderte, oder durch
Seine Mildthätigkeit erhielte. Nicht allein Seine eigene Länder, sonder
auch das weitschichtige Norden wurden daher mit Männern verse-
hen, die das thaten, was die ersten Apostel verrichtet haben; gar das
weit entlegene China neiget sich hier, und dankt mit Ehrfurcht daß
ein Clement August gelebt, der ihr diese himmlische Wohlthat hat
zufliessen lassen: setzet nicht schon diese Ferne selbst, die ich nenne,
uns alle in eine Erstaunung? gar dorthin über das unbekannte Meer
flogen Seine Triebe, und unterhielten beständig eine gewisse Anzahl
Priestern, die auf den zertrümmertem Stächen des wilden Heyden-
thums unsere Altäre aufrichten musten; wenigst achte dern an der
Zahl, die Er da ernährte, zähle ich allein aus unserer Gesellschaft. Was
noch mehr ist: so gern gab Er für solche Männer GOttes aus, daß Er
Ihm selbst lieber, als diesen etwas wollte abziehen lassen. Eine gewisse Landesrentkammer hat hierüber mehr als einmal einen Ver-
weiß annehmen müssen; genug daß dieß dem Himmel bekannt. Soll
ich hier itz noch melden, mit welchem Eifer Er in Seinen Hochstiftern
auf die Verwaltung der heiligen Sacramenten gesehen, besonders der
Ehe und der Beicht, damit dort aller Gefahr der Ungültigkeit vorge-
beugt, und der Riegel vorgeschoben würde; hier aber die Aergernisse
keinen Platz hätte? nein; hievon sowohl, als von andern Gottseligkei-
ten, <43> die noch eine ganze neue Rede erforderten, schweige ich,
und steche den Hirtenstab vest in den Acker des Herrn. Zanken sich
die Länder selbst darum, wo Er besser geblühet; mir ist genug, daß ich
ihn gekrönet, und den, der ihn geführet, belobet ihn als einen gottseligen Hirten. Der halbe Wahlespruch ist fertig; das ganze Lob bestehet
in der Gottseligkeit / *Pietate.* Der gekrönte Hirt ist gestorben, welcher
Seine Kirche, Sich, und Seine Heerde *Pietate* in der Gottseligkeit

regieret. Itz auf den Vatter der Milde, ihr Augen! Bringet aber ein Herz mit, das versammlet ist.

Es ist wahr: ein Landesherr trägt sein Schwerdt nicht umsonst, er trägt es besonders für seine Unterthanen. Der Herr der Heerscharen steht den schrecklichen Aussprüchen selbst vor, welche der auf dem Thron sitzende Mensch ergehen läßt, um die Boßheiten zu hemmen, und die Unordnungen in den gehörigen Schranken zu erhalten; selbst der Schöpfer der Sterblichkeit zörnet, und wirft Donner herab, wenn die Welt niemals blutig seyn will; wo doch die Gesetze, und Gerechtigkeit Blut, und Tod erfordern. Ist die Billigkeit mit der Schärfe, wie der milde Schein mit dem Feur verbunden; heilig schlägt letztere, wann auch mehrer Köpfe sich <44> verbluten, mehrere Häuser fallen, mehrere Familien unter der hartdrückenden Bürde des Bettelstabes ewig seufzen müssen. Nur eines, was hierbey unverletzt bleiben muß, ist dieses, daß das menschliche Herz bey allen harten Schlägen, wie ehedem bey den alttestamentischen Blutopfern, stets in seiner Sanftmuth, und Liebe unverrückt verbleiben soll; es muß den Erschaffer in der Milde anbetten, wenn auch die Hände suchen seine Geschöpfe zu verderben. Aber sachte! Ich gehe zu weit. Ich wollte nur fragen: Muß der Landesherr strafen, so muß er nur aufheben, als sollte das Kind nach dem Ausspruch Salomons in der Mitte durchgehauen werden, damit es verschonet bleibe; muß er verbessern, so soll die Liebe die Verbesserungsbriefe aufsetzen, die nur das Herz rühren, ohne es traurig zu machen. Noch gehe ich zu weit. Ich wollte dem Landesherrn das Recht der Schärfe nicht absprechen, doch wollte ich einen solchen zum Gegenstand haben, der, wo es nur möglich, immer vätterlich handelte, ja den ich vorzüglich von der Milde beloben könnte. Ich denke hier bey mir, wo fände ich diesen, wenn ich nicht von unserem Clement August zu reden hätte. Es ist wahr: Sein

Ansehn hatte eine Majestät, die eine Ehrfurcht nach sich zoge, Seine Augen funckelten wie Feur, und zeigten eine besondere Lebhaftigkeit, Sein Geist war aufgeweckt, und munter, Seine Aussprach scharf, und durchdringend; doch war Sein Umgang, wie der Sonnen ihre, stets holdseelig <45> und freundlich; und hatte die Majestät Seine Stirn gebildet, so hatte doch die Leutseeligkeit ihren Thron darauf aufgeschlagen, der gleich einem Bienenkorb voll des süssesten Honigs war.

Wie Clement gegen Seine Unterthanen gesinnet war, gab Er gleich der ganzen Welt zu erkennen durch Prägung einer Müntzsorte, worauf diese frohe Worte zu lesen waren: *Non mihi, sed populo* – nicht mir, sondern dem Volk bin ich gebohren; diesem zum Nutzen trage ich den Ehrentitel eines allgemeinen Landesvatters; besonders muß ich solchen milden Nahmen verdienen, wann die Armen, Wittiben, und Waysen schreyen; für diese darf ich nicht anders, als ein offenstehender Altar seyn, wozu zwar allen, denen Bedrängten aber besonders der Zugang Tag, und Nacht soll offen stehen. Ich will auch für sie, wie ehemals gewisse Städte in Israel, ein Zufluchtsort seyn; mein fürstlicher Stab soll ihre Schwachheit schützen, und mein Purpur ihre Blösse decken. Hochansehnliche!. da haben wir in so vielen Sätzen nur eine Tugend vorzüglich geschildert, welche aber einem Fürsten so anständig, als süß sie in ihrer Wirkung ist. Die Milde ist es, wie sie hören, wovon ich rede, und dieses Oel Christi hat unser höchstseliger Landesfürst Zeit Seiner ganzen Regierung, die überhaupt {man verstehe mich zugleich <46> von andern Hochstiftern}, in das zwey und vierzigste Jahr gedauert, nimmer von sich entlassen. Ich darf mich hier auf alle diejenigen berufen, so jemals unter Seiner Herrschaft gelebt haben, alle müssen bezeugen, daß Clement August früher Sein Herz, als die Milde verlohren hätte. Man hat an Ihm vermerkt ein Gemüth, das nicht einmal fähig war, Seine Macht zum Schaden dern sehen zu lassen, die Er zwar als Unterthanen regierte, aber auch als

Seine Kinder liebte. Er besas ein Herz, das keine Augen hatte, wenn Denkmäler des eigennützigen Zorns, oder einer auch gemäßigten Rache sollten aufgerichtet werden, vielweniger konnte Sein Gemüth Regungen machen, worauf eine unchristliche Gall sich losgerissen hätte. Aber wie vergehe ich mich? das war noch unwürdig, das war gar noch grausam von Clement geredet! Ich hätte gleich sollen sagen: wo ist ein Bißthum, was Sein war; wo eine Landschaft, die nicht Sein war; wo Städte, und Dörfer; wo Häuser, und Familien; wo nicht die mildesten Bilder Seines Vatterherzens aufgestellet stehen? nur Schade, daß ich sie nicht alle dem Werthe nach vorzulegen fähig bin.

Hochansehnliche Trauerversammlung! stehen sie demnach still, husten, und rauspern nicht, damit sie alle Worte mit gutem Bedacht aufnehmen können, die ich ihnen auch über <47> meine Kräfte, vortragen muß; ich sage alles kurz, aber ein jedes, wie kurz ich es auch sage, enthält mehrere Verdienste, deren das geringste mit vielen himmlische Kronen muß belohnet werden. Hören sie doch, und erstaunen: Unser Clement August war, wie die gute Erde, allen alles, Sein Beystand gleichte denen Sonnenstrahlen, die durch die Wolken dringen, um nur wohlthätig zu seyn. Einem jeden erzeigte Er alle das Gute, so nur in Seinem Vermögen war. Er erstellte sich, wenn Seine mildthätige Hand mehr geben konnte, als die Nothdurft Seines Unterthans erforderte; mehrmals muste Seine eigne Gesparsamkeit der Freygebigkeit zu Hülf kommen; und man sahe Ihn niemals munterer, als wann Er sich selbst gleichsam durch die Wohlthat ausgeschöpft hatte. War es nicht in Seinem Vermögen, was Er geben wollte; so muste die Liebe sich doch zu erkennen geben; Sein Herz muste bluten, und das wünschen, was die Hände nicht geben konnten. Wie hoch Er auch für andere erhoben, so wüsten doch Seine Cederzweige sich bis in den tiefsten Thal herunter zu neigen; Er hatte gelernet, auch mit den gemeinsten Menschen verträulich zu handeln; und ist die

40

Verträulichkeit bey andern eine Mutter der Verachtung, so war sie doch bey Ihm eine Kunstgöttinn, welche eine Art unsichtbarer Ketten schmiedete, wodurch Er aller Menschen Neigung mit sich verbande. Dahin giengen nur Seine Triebe, daß Er eine Gemeinschaft unterhielte, die auch den ärmsten Bettler nicht ausschlosse. <48>

Sein Umgang war allezeit liebreich, und nie gezwungen, Er wuste wohl, daß ein Taxus, wie zierlich er auch immer beschnitten wird, die Schönheit einer freywachsenden Ceder nicht vorstellen könne. Weit war Er von dem schmeichlenden Spielwerk unserer neuern Zeiten, und dannoch hatte Er das in Seinen Reden, was diese umsonst suchen. Hochansehnliche! habe ich ihnen nicht hier bereits ein vollkommenes Ebenbild eines milden Landesfürsten geschildert? aber tretten sie näher, und reissen allen Vorhang fort, damit Sie gleichsam Augenzeugen werden von allem dem, was die mehr als fürstliche Milde in unserm Clement August hat vorlegen können; sehen sie nur scharf zu, sie werden gewiß etwas mehr, als einen auf seiner Harfe spielenden David antreffen, wenn dieser aller Kummer, oder Wehemuth versüssen will.

Falten doch alle hier mit mir die Hände, da unsere Augen Seine Palläste anschauen. Ich kann ihnen sagen: wie viele auch dem unser Landesvatter hatte, so stunden doch alle, wie die Kirchen, allen offen, die Seinen Schutz suchten.

Staatsmann! must du dir einen Hügel zwischen dem Herrn, und dem Unterthan vorbilden; hier bey dem, welchen uns das Verhängniß länger hätte gönnen sollen, war er so eben, daß über ihn auch der Geringste, will nicht sagen, steigen; sondern auch gehen konnte. Armer! du kamest zu ihm, hattest <49> du auch keine andere Ursach, als daß du Seiner Hülfe bedürftig wärest. Und wurde diese Milde verletzet, Weltwitz! hüte dich, solches auf die geheiligten Schultern unsers Höchstseeligen Vatters zu legen; wende die Augen, und sehe hierinn als schuldig an die Unbarmherzigkeit jener Thürwächtern, welche, wie die Hunde, mehrmals wider den Willen der Herren bellen. Unser mildester August war immer bereit alle anzuhören, auch dann, wann Er um sich zu erholen, in die freyen Felder hinaus gefahren war. Churfürstliche Residenzstadt Bonn! wie oft hast du gesehen, daß Er still gestanden, wenn Er zu Fuß war? wie oft, daß Er aus den Wagen gestiegen, wenn Er fährte, um die Noth nicht ohne Hülfe zu lassen? wie oft hast du bewundert, daß der Rücken Seiner Bedienten den Schreibtisch Seines Cabinets auf dem Felde bilden muste, um denen Bittschriften, die Ihm zugetragen wurden, gleichsam mit der Gnade vorzukommen. Also heftig dränge das Mitleiden bey Ihm! es muste einem Oele gleichen, das immer oben schwimmen will. Und wie angenehm, wie zärtlich fällt es nicht in die Ohren, daß die Süsse Seiner Milde Ihn ebenwenig, als das Bayersche Geblüt verlassen konnte; wie dieses, so folgte Ihm jene unveränderlich aller Orten nach unter dem blauen Himmel so gut, als unter denen vergoldeten Baldachins Seiner Palläste. Kann die Nachwelt es wohl vergessen, daß Er sich mehrmals <50> aus Seiner Residenzstadt heimlich verlohren, um denen zugestossenen Nothfällen, wo es möglich, bey dem bedrängten Ackersmann abzuhelfen, oder wenn Er anders nicht konnte, wenigst diesen zu trösten, ja gar Thränen mit Thränen zu vereinbarn. Der Paderstrom wird früher austrocknen, als sich nicht beeifern, diese Seltenheit, wovon ich rede, stets mit neuem Lob zu erheben.

Ich weiß wohl, daß ein Fürst nicht allezeit sanftmüthig seyn könne; die Weisheit selbst sagt es, daß das Eisen schneiden müsse, wo der Balsam nicht anschlagen will; und unser August hatte nach Seiner klug- und weisen Einsicht schon längst begriffen, daß Männer, welche die Hand GOttes auf den Stuhl der höchsten Würde erhoben hat, ihre Beherrschung so mit der Gerechtigkeit, als vormals Israel sein Heerlager mit der Bundesladen befestigen müssen; doch muste diese

Tugend Ihm nur dahin dienen, daß Seine Milde desto ordentlichere Schritte machte. Letztere wuste Wohlthaten zu geben, und erstere sprach: Gieb nur; aber nicht ohne Unterscheid; ziehe jene vor, welche sich um die Länder mehr verdient gemacht; gieb nur, und zwar frey-müthig: denn es ist der gröste Gewinnst Geld, und Güter verlieren, wenn sie in den Schooß deren treuen Dienern fliessen. Hier sollte ich reden lassen die Wittiben, derer Ehemänner dem <51> Lande vormals oder mit dem Degen, oder mit der Feder ihre unverrückte Treue be-wiesen; hier müste ich diesen Platz einräumen selbst den grossen Staatslichtern, dem Strahlen sich noch für andere an dem Staatshim-mel hervor machen; könnten wohl Jene was anders gestehen, als daß, wenn sie fähige Kinder hatten, diese für alle andere, oder widrigen-falls sie selbst bedacht worden? und müsten nicht letztere diese Cle-mentische Freude bekannt machen, daß es keine vorzügliche Ver-dienste gebe ohne vorzügliche Belohnung? Herrschet nur ihr Staats-götter! herrschet weiß, und klug. Beugen sich gern alle mit mir unter eurer tiefen Einsicht, ja küssen wir Eure Hände, und danken Euch für Eure geschickte Anordnungen mit einer aufrichtigen Ehrfurcht; so ist und bleibt doch dies ein so mildes, als gerechtes Lob für meinen Cle-ment August, Der euch nicht früher das Ruder zum gemeinen Wesen gegeben, als bis Er eure Fähigkeit, wie der Lotsmann die Tiefe des Meers, völlig ergründet hatte. Aber still! wo lasse ich das Eisen, davon ich vorhero Meldung thate? hat dann nicht dieses scharfe Werkzeug der Gerechtigkeit mehrmals der Milde, wovon ich rede, einen Stoß gegeben? Nein, Hochansehnliche! war ein Fehler zu verbessern; Milde und Gerechtigkeit geriethen in einen anmüthigen Zank, und man muste bey dem Ausgang billigen, daß der Mittelweg getroffen, md der Schärfe allezeit etwas abgebrochen wurde. Dies soll unsere Nachwelt wissen, daß Clement {ich nehme einen <52> Mörder aus} Zeitlebens sich kaum entschliessen können; wenn gehandlet wurde einen

Menschen zum Tode zu verurtheilen; Er hatte hierin jenen Geist, den der alte Patriarch vorlegte, als dieser seinen Sohn opfern sollte; ja Er war sehr froh, wenn das Schlachtmesser aus der Hand konnte gelegt werden, ohne den Wohlstand des gemeinen Wesens zu verwunden. Er hatte nicht einmal donnern gelernet, was doch der Himmel thut, wenn dieser schlagen will; selbst den Tod des Mörders gab Er niemals zu ohne häufige Zähren dabey zu vergiessen; so mild war Seine Natur! ihr war es ein weniges, wenn sie das Gift der Undankbarkeit verschlucken wollte; man konnte ihr abmerken, daß sie einen Trost genösse, wenn sie einem Feinde vergeben hatte, ja gar ihm Seine alte Freundschaft wieder geschenkt hatte; alle Triebe des Widerwillens hatten sich verlohren; das Pflaster wäre von der Wunde abgenommen,. und die Wunde selbst hatte keine Merkmale mehr.

Die Gerechtigkeit selbst wurde eine lautere Milde, wenn jene dieser erinnerte, daß ein Fürst besonders sich der Armen und Bedrängten annehmen müste. Doch hier wollte ich lieber schweigen, als reden. Wahr ist es; ich habe einen solchen Gegenstand, der nur gemeine Gedanken von mit foderet; aber foltere ich auch die Sprach, so werde ich mich doch in dem, was ich denke, nicht ausdrücken können. Ihr düstere, und unbekannte Wohnungen! ihr foderet mich; o ihr Oerter! wo die <53> verlassene Armuth heimlich seufzet, und weinet, ihr bildet unser Landesvater, ihr seyd meine Zeugen, daß Er sich euch, {und wie oft?} euch hat Er Seine Milde mit gantzen Strömen zufliessen lassen; euch hat Er bewiesen, daß auch unsere Zeiten die Vollkommenheit des heiligen Evangelii erneuren können; bey euch zeigte Er, daß Er nicht allein gekommen wäre, Seine Unterthanen zu regieren; sondern auch zu ernähren. Bey euch sahe man, daß der Himmel Ihn nur reich gemacht, damit Er in einem sterblichen Menschen zeigte, wie hoch es der Christen GOtt in der zeitlichen Freygebigkeit treiben könne. Die linke Hand wuste nicht, was die Rechte thate, und doch

1 7 6 1   M ä r z   1 0   P a t e r   B.   H e l m e r i n g   S J:
L e i c h e n r e d e   a u f   K u r f ü r s t   C l e m e n s   A u g u s t   i m
K ö l n e r   D o m

flosse in euren Schooß das ganze Vermögen vieler Bißthümer. Hoch-ansehnliche Trauerversammlung! hier habe ich in unserm Clement August einen Hirten, der seine Schäflein auf seinen Schultern trägt, und zugleich den Fürsten, der alle seine Unterthanen gleichsam bey der Hand mit sich mildreich herum führet. Er war der Vatter, der meh-reren Unglücksfällen Seiner Gemeinden mit Seinem Gelde gesteuret, als ich zehlen kann; Er der Vatter, der so viele Waysenkinder Jahr aus Jahr ein erziehen lassen, daß sie eine Anzahl nicht geringer Armeen ausmachen; Er der Vatter, der die Armuth selbst wuste reich zu ma-chen, und bey denen auf den Strassen schreyenden Gebrechlichkeiten sich mehrmals dergestalt erschöpfte, <54> daß Er den ausgeleerten Beutel vorzeigen konnte; Er der Vatter, der keine bedürftige Jungfrau von sich gehen liesse, ohne daß Er sie aus Seinem Schatz aussteurte; Er der Vatter, der den Tag, die Stunde, ja den Augenblick als verloh-ren ansahe, wenn Er keine Gelegenheit hatte Wohlthätig für viele zu seyn; Er der Vatter, der sich betrübte, wenn Er Menschen antraf, die auch ohne Seine Schuld betrübt von Ihm giengen. Unendlich mitlei-diger GOtt! hat denn nicht ein jeder aus uns hier die gerechteste Ur-sach laut zu schreyen, daß ein solcher Vatter, diese Liebe, dies Ver-gnügen gestorben? Kann man es verdenken, daß das mit Thränen ver-mischte Geheul darüber Tag, und Nacht anhält? daß es so gewaltig bey denen bedrängten und verarmten Waisen schreyet, als wenn Is-rael über Samuel weinte.

Ja Hochansehnliche! sagen sie nur, daß unser August gerecht gewesen; ich aber darf ihnen jetzt sagen, daß sie nicht gerecht wären, wenn sie nicht bekenneten, daß Er noch milder gewesen. Hatten die Grundsätze der Religion einmal Sein Gemüth so rege gemacht, so konnte die Sonne früher ihre Strahlen ablegen, als daß Sein Herz von den Wohlthaten sich zurück gezogen hätte. Ziehe nur Münster den Vorhang weg, so sehen wir wieder in Ihm einen Fürsten, der die

gröste Zierde nicht von den Schätzen, die Ihn umgeben, sondern die
Er also <55> zu reden fort wirft, zu entlehnen weis. Noch drucke ich
mich nicht recht aus: Ich sollte Ihnen den ganzen August mit Seinem
Mitleiden bey denen Kranken bilden, ich sollte sagen, wie Er diesen
die Speisen von Seiner Tafel schicke; wie Er sie selbst besuche, und
tröste, wie Er ihnen Seinen eignen Leibärzten erlaube; Münster! ziehe
den Vorhang weg; ich sollte sagen, wie Er ihnen ganze Häuser stifte,
worinn diese Elende sollten verpflegt werden. Beweiset nicht meinen
Satz bis zum Erstaunen das einzige grosse Krankenhaus, welches unser August unter der Obsorg der sogenannten barmherzigen Brüdern,
Fratrum de Misericordia zu Münster gestiftet, und erbauen lassen? wer
vor Ihm, hat solche Liebeswerke unsern Hochstiftern jemals einver-
leibt? Er ist es, und ist der erste, der da allen Schwachheiten, und
menschlichen Gemächlichkeiten will abhelfen. Muß ich dem Evangelio glauben, so kann ich sagen: da ist der Ort, wo August selbst denen
Kranken so lang auswartet, als lang das gestiftete Krankenhaus stehen wird; ja so lang geduldet Er da ihren Geruch, fällt vor Eickel im
mehrere Ohnmächte, und weichet nicht aus; da machet Er gesund,
oder trocknet den Sterbenden den kalten Todtenschweiß ab, reicht
ihnen die Arzeneyen, bringt die heilige Wegzehrung, und schickt sie
in die glückselige Ewigkeit. Christliche Liebe! wie hoch kannst du es
treiben, wenn du einmal in einer gläubigen Seele den Vorzug genommen! fort mit der Weltliebe! dieses düstere Kind ist blind, <56> und
hat nichts anders als einen verfinsterten Verstand, und irrenden
Geist; aber jene gottselige Liebe, davon unser Landesvatter beseelt
war, hatte Luchsaugen, die unter der Armuth eines Viehstalls, unter
dem Schimpf des Kreuzgalgen die unendliche Herrlichkeit, und Majestät GOttes entdeckten, ich wollte sagen: sie sahe unter den ab-
scheulichsten Wunden der Kranken, unter dem Eiter der Gichtbrüchi-
gen, unter denen zerrissenen Lumpen der Armen die Gestalt unsers

1 7 6 1   M ä r z   1 0   P a t e r   B.   H e l m e r i n g   S J :
L e i c h e n r e d e   a u f   K u r f ü r s t   C l e m e n s   A u g u s t   i m
K ö l n e r   D o m

Heylandes selbst, den sie verehrte; und hier ist dann der Ort, wo unser Glaube reden muß: August! den allgemeinen Welt-Erlöser hungerte es, und du hast ihn gespeiset; er war krank, und du hast ihn besuchet; er war nackend, und du hast ihn gekleidet. Ja hier gehöret her, wenn David den seelig spricht, der denen Armen, und Bedürftigen wohl will. August! Dich nenne ich wieder, und Dich spricht Deine Milde selbst seelig.

Wie verwunderlich wär es itz, wenn ich auch da unsern Landesfürsten als einen mildreichsten Vatter schildern könnte, wo vieleicht andere Seine Schärfe betrachten wollen. Meine Gedanken sind auf die Zuchthäuser gerichtet, die Er entweder aus dem Grund neu erbauen, oder wenigst verbessern, und in eine nützlichere Ordnung bringen lassen. Hoch ansehnliche Trauerversammlung! schrecken sie sich nicht, wenn sie den guten Moses mit der Ruthe sehen.; sind sie gesinnet <57> wie unser höchstseliger Fürst, so sind ihre Gedanken, wie Seine Absichten mit den süssesten Trieben an das Beste des gemeinen Wesens gestiegen; Letzteres machte, daß Sein Mitleiden immer kluge, und vorsichtige Schritte machte, wobey Seine Augen niemals den allgemeinen Nutzen Seiner Länder ausser acht lassen durften. War Seine Sorg sehr eifrig, um die Noth der wahren Armen zu heben, so suchte sie doch zugleich die Mittel, denen die Schranken, und Ordnung zu setzen, welchen nur die Trägheit den Bettelsack auf den Rücken gehenkt hatte. Seine Milde für das gemeine Wesen trieb Ihn dahin, daß Er ihren Muthwillen nicht anders als die ägyptischen Plagen, die dem Lande schädlich, ansahe; Sein erbarmnißvolles Herz redete, wenn Sein Mund sie als brummende Hummeln verabscheute; ja die Liebe für Seine Unterthanen suchte ihre verborgene Winkel auf, stürzte ihre Zechtische um, sperrte sie ein, und sprach: fort mit diesen Unchristen in jene Häuser, wo ihre verderbte Natur sich ändern, und den guten Christen anlegen muß; gebe man ihren zehen Fingern

wacker zu arbeiten; führe man sie genau zum Gottesdienst an; so wird
GOtt, und die Welt sie loben als untadelhafte, und gantz nützliche
Glieder. Haben wir gute Augen, so sehen wir hier, wie hell die Milde
unsers Landesvatters auch mitten in dem gestraften Aegypten hervor
scheine, und mit wird man abgemerkt haben, daß <58> ich mit lieber
mein Herz, als unserm Clement August die Milde abnehmen lasse.
Was sagt hierzu der Neid?

Doch was sage ich? es würde der Milde, die ich belobe, vieleicht was gefehlet haben wenn sie nicht einige Tadler erweckt hätte.
So ungerecht ist das Betragen der itzigen Welt! auch die besten Absichten müssen sich oft an ihre beissende Zähne verstossen; besonders seynd diesem Schicksaal nicht unselten unterworfen grosse
Herrn, welche, weil sie das unter den Menschen seynd, was die hohen
Berge unter den Hügeln, mehr als andere können bemerkt werden.
Doch ist es auch ein Vorrecht für unsern Landesvater, daß Seine Milde
da, wo sie sollte gleichsam zertretten werden, gleich denen gestiege-
nen Sonnenstrahlen endlich den Mittag erreichet. Wovon rede ich?
Die herrlichen, und fast mehr als königlich prangenden Palläste, die
ein Clemens August Zeit Seiner glorreichen Regierung neu erbauen
lassen, diese kostbare Gebäude zu Bonn, Poppelsdorf, Herzogen-
freude, Augustusburg, Clemenswerth, und andere blitzen, und werfen
Strahlen von sich, die das neidische Weltauge nicht ertragen kann;
man schüttelt den Judaskopf darüber, und das Herze denkt: wozu dienen solche Verschwendungen? Arge Menschen! dörfet ihr das noch
zu unsern Zeiten nachmachen, was der blinde <59> Heyde gewagt,
als er denen so nützlichen Planeten, weis nicht, wie grimmige, und
häßliche Namen gegeben; heget doch etwas von dem Herzen, welches
unser Clemens besaß, so werdet ihr den Glanz Seiner Gebäude noch
mehr vergolden, zugleich die Scheibe treffen, wohin Seine milde Augen gezielet haben. Clemens hatte noch nicht mit den Künstlern, und

48

1 7 6 1   M ä r z   1 0   P a t e r   B .   H e l m e r i n g   S J :
L e i c h e n r e d e   a u f   K u r f ü r s t   C l e m e n s   A u g u s t   i m
K ö l n e r   D o m

Handwerkern Seine Vatterliebe getheilet; nun dies sollte geschehen; diesen wollte Er wie andern Seine milde Hände öfnen, und beweisen, daß Er für alle als ein Vatter gebohren. Und woher sollten diese Triebe ihre Quelle nehmen, wenn sie nicht auf das Bauwesen verfallen wären? der Künstler sowohl, als der Handwercksmann hätte nie Gelegenheit erhalten, das zu zeigen, was er doch mit grossen Unkosten gelernet; selbst das gemeine Wesen hätte sein Ziel nicht erreicht, weil für den Bürgerstand nicht allenthalben die erfoderliche Vorsehung geschehen wäre, um leben zu können; gar das Land hätte die gute Erfindung entbehren müssen wovon es doch glücklich gemacht wird; was will ich sagen? Nicht hätte letzteres das Geld unter den Händen der Gemeinde gesehen; nicht, daß es von einer Hand in die andere gelaufen. O sehet nur dauerhaft Clementische Gebäude! wer nicht scheel darein siehet, der wird euch mit mir stets betrachten als christliche Allmosen, die in die Hände der Bedürftigen gestossen; pranget bis an das Ende der Welt, damit unsere späteste Nachkommenschaft Denkmäler der Milde behalte, <60> die unsern Clemens August als einen Vatter auch in jenen Herzen drücken, die GOtt am letzten erschaffen wird.

Aber warum bin ich den Schulen so gram, daß ich sie so spät nenne? muß mir doch bekannt seyn, daß Fürsten, wenn sie Vätter ihrer Länder seyn wollen, hier besonders den günstigen Himmel bilden müssen, der mit seinem nützlichen Thau nicht darf gesparsam seyn. So wenig kann ein Landesherr sich dieser Vorsorg entschlagen, als wenig er der Geschicklichkeit seiner Räthen entbähren darf. So ist es, gelehrte, und kluge Männer müssen in den Schulen gebildet werden, wenn die Länder glücklich seyn sollen. Unserm höchstseligen Landesvatter war diese Wahrheit so tief ins Herz gelegt, als erhaben Sein Verstand war; letztern bewundern noch die hohen Schulen zu Rom, in welchem Göttersitz Er die herrlichsten Proben aller einem Fürsten

49

anständigen Wissenschaften in Gegenwart des allerheiligsten Vatters
abgelegt hat. Er besaß ein verwunderlich gutes Gedächtnisse, was Er
einmal gelesen, vergaß Er nicht; Er wuste sich in allen auch beschwerlichsten Zweifeln so geschickt auszudrücken, daß auch die treflichs-
ten Staatsmänner darüber erstaunen musten; mehr als einmal habe
ich dies von letztem selbst erzehlen gehöret, die mit zugleich die Ver-
sicherung gaben, daß unser Clemens den öffentlichen Schulübungen
oft beygewohnet, nur um der Jugend ein Spiegel zu <58> seyn, worinn
diese jenen Gedanken immer lesen sollte: Will ich von einem Clement
August geholfen werden, so muß ich mich fähig machen. Hochansehnliche! Sie gestehen auch dieses Lob meinem Vatter hier gern ein;
weil sie selbst gehöret, daß die Gelehrsamkeit Ihn für ihren Mecänas[10]
mehrmals ausgerufen; ja weil sie wissen, daß Er für sie, wo es an
Schulen fehlte, mit Freuden der Stifter seyn wollen; und ich gebe nur
den Fingerzeig, daß man es unserm Clement in unsern Hochstiftern
wohl verdanken könne, wenn die itzige Weltweißheit eine nützlichere Verfassung hat; wenn die Gottesgelahrtheit an den Sinn der
Kirche näher steigt; doch ich überlasse dieses den Schulen selbst, damit sie hierinn ihre Beredsamkeit üben mögen. Ich bin zufrieden, daß
mir keiner mehr das Bild der Milde entreissen könne, welches unsern
Clemens August als einen Vatter vorlegt; ich lasse auch hiemit aus
der Hand fallen den milden Fürstenstab, oder vielmehr stelle ich ihn
bey dem Hirtenstab, nachdem ich den gekrönet, der ihn als ein Vatter
geführet zum Nutzen der Armen, der Kranken, des Unterthans, und
des gemeinen Nutzens. Genug: hiemit ist nicht minder der andere

---

[10] Gaius Maecenas (* um 70 v. Chr. in Arretium, dem heutigen Arezzo; † 8 v. Chr. in
Rom) war ein Vertrauter und politischer Berater des römischen Kaisers Augustus
und ein Förderer der Künste, dessen Namen als „Mäzen" zum Gattungsbegriff
wurde.

Theil des Wahlespruchs verfertiget, er bestehet allein in der Milde /
Clementia. <62>

Nun hätte uns der Himmel unfern gottselige Hirten und milden Vatter bis in die spätesten Jahre vergönnen sollen; das wünschte
wenigstens ein jeder, der das zu erkennen wuste, was er von Seinem
theuersten Leben noch zu hoffen hatte. Aber ach! daß wir Menschen
hierinn anders urtheilen, als GOtt! Ach! daß wir das zu befürchten
hatten, was wir nicht befürchten wollten! Schon damals, als sich unser Clemens August auf die Reise nach München begab, hatte sich er
allgemeine Menschenfeind in das innere Seines Lebens geschlichen,
und der göttliche Entschluß hatte über uns einen Streich bestimmt,
der einen Fürsten stürzen sollte, so uns nur zum Nutzen gleich Anfangs Seiner Regierung zwo Kronen der Gottseligkeit und Milde so
vest auf Sein Haupt gesetzet, daß Er sie niemals in Seinem Leben abgelegt. Es sollte sterben ein Fürst, den wir alle Stunde gern mit unserm
Leben erhalten hätten. O blöden, oder vielmehr blinden Einsicht unserer Sterblichkeit! Kaum die Post, daß unser Hirt und Vatter von
Bonn nach München abgereiset, da folgten Ihm gleich auf den Fuß
nach unsere gute Wünsche, die aber zugleich den frohen Tag bestimmten, an welchem wir Ihn zurück kommen sehen wollten; unser
Vertrauen wankte hierüber eben wenig, als wenig wir den anbrechen-
den Tag in Zweifel ziehen können, wenn unsere Augen die Morgen-
röthe erblicken. Aber siehe! <63> es entstünde ein Gerücht, als hätten
sich gleich anfangs Seiner Reise scheusliche Vorbotten sehen lassen.
Keiner wollte glauben, und unser Zutrauen zu der göttlichen Vorsicht
bildete noch die Anker, so nicht wollen losreissen lassen. Es liefe eine
andere Nachricht ein, daß Clemens August sich in dem Residenz-
schloß Seiner Churfürstlichen Gnaden von Trier nächst unter Ehrenbreitstein unpäßlich befänden; und noch wollte dies unser Mund
nicht bekennen, worüber unsere Gemüther sich doch schon bestürzet

befanden. Also hart will man eine Sache annehmen, die uns den Gegenstand raubt, den wir lieben! Indessen fingest du o GOtt der Herrschenden! bereits an, unser theuerstes Pfand, unsere Freude, und Vergnügen, unser Heyl, und Glück deiner unumschränkten Hoheit zu opfern. Der letzte Sturm war bestimmt, Clemens Augustus {wer kann dies ohne Weheklagen aussprechen?} Clemens Augustus sollte sterben. Sein sonst blühendes Angesicht finge an zu erblassen, andere fürchterliche Vorfälle, die man an Ihm vermerkte, gaben fast sicher zu erkennen, daß die Seele ihren Platz nicht lang behaupten könnte; das Athemziehen wurde von Zeit zu Zeit schwerer. Was denke ich? München! breche ab deine Triumphbogen, die du gestern mit froher Hand aufrichtetest, um nach einigen Tagen Den würdig zu empfange, welchen du als dein anderes Herz, und wie als unser eigenes Leben immer geliebt hatten; breche ab, sage <64> ich, es ist Zeit an ein Todtengerüste zu denken. Wo ist mein Clemens ach! man hat Ihn in ein Ruhelager {ich fehle} man hat Ihn in Sein Sterbbette gebracht; der Arzt spricht schon laut: Clemens August wird sterben. Alles kommt in eine Unordnung; der Churtrierische Hofstaat erstummt, und der Churcölnische Bediente kennet sich selbst kaum mehr. Ach! man muß nun Dem den Tod ankündigen, der das Leben so vieler Länder war. Doch Clemens August empfängt diese Bottschaft mit einem Gemüthe, das dem bayerschen Löwen ähnlich war; Er unterwirft sich ohne Anstand der schlagenden Hand GOttes, beichtet alsobald, nimmt den heiligen Zehrpfennig, stärkt sich mit dem geheiligten Oel. Schrecklicher GOtt! soll ich dir diese Vorbereitung danken? oder darf ich sagen: Clemens war sterblich, und konnte deine Gerechtigkeit Ihn so geschwind zu sich rufen, so konnte sie dies doch nicht, ohne Ihm die gottseligsten Triebe zugleich einzuflössen, welche alles das auf die höchsten Stapffeln setzten, was zur würdigen Abfahrt in die andere Welt erfodert wurde. O mein GOtt! verzeihe mir, wenn ich also

urtheile, verzeihe mir, wenn mein Zutrauen sagt: wohlbereitet muste
Clemens August zu dir kommen, weil du nicht unbelohnt lassen
konntest, was Seine Andacht dann bewiesen, wann du denen mit dem
Tode ringenden Christen die letzte Stärke seyn wolltest. Nicht wahr?
du sahest noch, wie Er ehedem vom Pferde, oder aus dem Wagen <65>
sprang, um da hochwürdigst Gut {was du selbst bist} zu begleiten,
wenn es nach denen Kranken getragen wurde; noch ginge Er vor deinen Augen in das Hauß, wo der Sterbende lag; noch war es vor deinem allsehenden Angesicht, wie Er sich auf Seinen Knien verde-
müthigte, und mit lauter Stimme den Priester nachbettete; noch, wie
Er diesen nicht früher verließ, als du mein GOtt! Wieder nach deinen
Kirchen getragen worden. Nicht wahr; das mustest du ja belohnen?
Wer zweifelt? Nur dies Hochansehnliche Trauerversammlung! rühret
mich itz noch sehr empfindlich, daß ich nicht selbst den Rhein da
fliessen gesehen, wo unser mildester Vatter gestorben; ich würde gewiß über Seinen letzten Kampf erstaunet, und diesen als eine kurze
Wiederhohlung aller Seiner Zeit Lebens geübten innern Tugenden bewundert haben. Ich wüste auch hier zu reden von Seiner Großmüthigkeit, mit welcher Er die Welt verlassen, und den Tod angenommen; ja
von Seiner herzlichen Freude, mit welcher Er in einem fremden Lande
gestorben, wo Er nichts von dem, was Sein war, erblickte; weil Er dabey das Vergnügen gefunden, gleichsam mit dem entblößten Heyland
zu sterben. Ich könnte ihnen sagen, mit welcher Liebe Er das Bild des
Gekreutzigten geküsset; mit was zarten Andachtsseufzern Er Sein
letztes Ziel erwartet; ich hätte gehöret das grosse Geschrey, mit welchem Er, wie Christus die Welt verlassen. Aber still! hier lege ich mein

1 7 6 1   M ä r z   1 0   P a t e r   B .   H e l m e r i n g   S J :
L e i c h e n r e d e   a u f   K u r f ü r s t   C l e m e n s   A u g u s t   i m
K ö l n e r   D o m

Predigamt <66> fast nieder, da Clemens August die letzten Kr[äf]te[11] sammlet, die ein Geschrey bilden, woraus ein jeder lernen muß, wie Er sterben soll. Er richtet sich auf, faltet Seine Hände, druckt noch einmal Seinen JEsum an Seine Brust und ruft mit lauter Stimme: *Domine! fiat voluntas tua*: Herr! dein Wille geschehe, ich sterbe. Diese herzdringende Worte sind die Letzten, die Er spricht: Der glückselige Tod empfängt sie alsobald, und unser gottseliger Hirt, unser milde Landesvatter fängt an, Seine ewige Ruhe zu geniessen. O! da ist das theuerste Opfer, was auch die späteste Nachwelt immer im frischen Angedenken erhalten, und mit ewigen Liebestrieben beehren wird! unsere Thränen haben es ihr hier vorgesagt, und die ihren werden es allen den unsern nachreden: Was? Ach! daß Clemens August gestorben, der zweyfach gekrönte Hirt und Vatter; ach!

Hier erstummet nun meine Trauer- und Lobrede ganz; sie weis keine Worte mehr zu finden; oder hat sie noch deren einige, werden diese vielmehr in Thränen verändert, weil unsere kummer- und jammervolle Zeiten das letzte Trauerwort haben müssen, wie sie das erste gehabt. Hochansehnliche! wir sind die Bedrängten, die beklaget werden, wenn diese hier weit heftiger, als eine untröstliche Rachel, über alle Wolken schreyen: O GOtt der unbegreiflichen Gerichte! aber auch O Vatter des lieben <67> Friedens! schaue dieses kostbarste Opfer, welches dir unser gottselige Hirt, unser Milde Vatter mit Seinem eignen Leben machet, schaue es mit einem holden und besänftigten Augenmerk an. Siehe! es ist ein gottseliges, es ist ein mildes Friedensopfer, das nichts als den Frieden verlangt; schenke unserm bethränten Boden diesen gottseligen, und mildreichen Menschenfreund; gieb

---

[11] Diese Seite der Vorlage ist am rechten Rand abgeschnitten, es fehlen jeweils 2 – 3 Buchstaben. Sie werden – bis auf eine Ausnahme – nach dem Sinn ergänzt, ohne daß diese jedesmal durch [ ] angezeigt wird.

zugleich mit ihm einen neuen Hirten, einen neuen Fürsten, dem du dies Glück so gnädig verleihen wollest, als weyland der Unsere den Willen hatte Seinen Hirten- und Fürstenstab mit Oelzweigen zu umwinden, damit wir Ihm {doch nach den spätesten Jahren, und mit besserm Vergnügen} wie unserm Clemens August das gerechte Lob geben und sagen können: *Imposuit duo diademata capiti suo.* Er setzte zwo Kronen der Gottseligkeit und Milde auf Sein Haupt. Er truge sie bis an das Ende Seines Lebens. Amen.

1761 März 11 Seelenamt für Clemens August in Bonn[12]

Verordnung, Wie sich der gesammte Hof bey denen Todten-Vigilien und hohen Seelen-Amt für Weyland S{eine}r Churfürstl[ichen] Durchlaucht Höchstsel[igen] And[enkens] In hiesiger Hof-Capellen versammlet gehabt.

1tens: Die Todten-Vigilien fiengen an Dienstags den 10ten Merz um vier Uhr nachmittags.

2tens: Mittwochs den 11ten ware gegen halb 11 Uhr Morgens das hohe Seelen-Amt, und Nachmittags um 4 Uhr die Vigilien.

Etens: Donnerstags den 12ten um halb 11 Uhr das hohe Seelen-Amt und um 4 Uhr die Vigilien.

4tens: Freytags den 13ten um 10 Uhr das hohe Seelen-Amt und Predig.

5tens: Bey einem so wohl als andern erschienen die SS. TT. Herren; Herren *Executores Testamentarii*, anwesende *Deputati* und *Capitulares* eines Hochwürdigst-Regierenden Erz- und Domstifts Cölln, Land-Commandeurs und Rathsgebietige eines hohen Deutschen Ordens, dann *Capitulares* deren sämmtlichen Hochstiftern, die Churfürstl. SS. TT. Herren Staabs-Ministern, und adliche geheime Räthe in dem obern *Oratorio*.

6tens: Die Churfürstl. Herren Kämmerer verfügten sich untenb in die Capell auf die obere Kniebank zur *Evangelii* Seiten.

7tens: Die Churfürstl. Gelehrte geheime und geistliche Conferenz-Räthe in die obere Kniebank zur Epistel Seiten.

8tens: Die Churfürstl. Hofräthe aber und Truchsessen in die untere Bank zur *Evangelii* Seiten, und

---

[12] Fundstelle: (Lucianus, 1761).

9tens: Die Churfürstl. Kammer-, Kriegs- und übrige Räthe, dann hiesigen hohen Erzstifts-Gräfliche Herren *Deputati*, so sonst etwa mit keinem Rang-Titel bekleidet sind, zur Epistel Seiten.

10tens: Löbliche Deputirte deren Erzstiftischen Städten in denen vier vorwärts befindlichen Bänken, und

11tens: übrige gesammte Hofstatt in denen letzteren Bänken.

12tens: Gesammte Dames bleiben oben in denen Logen zur Evangelii Seiten.

13tens: Und die Ehefrauen deren Geheimen-, Hof-, Cammer- und übrigen Räthen zur Epistel Seiten.

14tens: Bey denen drey hohen Seelen-Aemtern gienge man folgender Gestalt zum Opfer.

Beyde SS. TT. Herren *Executores Testamentarii* und resp. *Deputati* eines Hochw. Regierenden hohen Erz- und Domstifts alleinig.

Und sodann solche vom Opfer ..., der Churfürstl. Herr Obrist-Kämmerer als ersterer Hof- und Kammer-Klager alleinig. Hochbenannte Herren erschienen hiebey mit denen langen Trauer-Mänteln, und wurden durch den Churfürstl. Cammer-Fourier mit vorhero gehenden beyden Mazzaires aufgeführt, auch wurde denenselben von ersterem das Opfer beym Fuß des Altars überreichet.

Das solenne hohe Seelen-Amt und die gewöhnliche *Absolutiones* verrichtete S. T. Herr Franz Caspar von Francken-Sierstorff[13], Bischof von Rhodiopol und Weihbischof zu Cölln.

Die Hof-Capellen aber ware selbst von Fuß auf mit schwarzen Tüchern behänget, und in Mitte derselben das *Castrum doloris* aufgerichtet, welches aus einer mehr dann fünfzig Werkschuh hohen

---

[13] Franz Kaspar von Franken-Siersdorf (* 1683 in Köln † 1770 ebenda) war Weihbischof in Köln und Theologieprofessor an der alten Universität Köln.

Colonnade formirt, und unter einem schwebenden Baldachin stunde. Auf den vier Ecken befanden sich 4 kleine Altär zum Meß lesen, und waren die obere *Corniche* so wohl als die *Consolles* mit verschiedenen Sinnbildern deren vornehmsten in Weyland Sr. Churfürstl. Durchlaucht Höchstsel. And. von jedermann bewunderten Tugenden ausgezieret.

Zu denen Füßen Enden ware in der obern Plattebande eine große Meermuschel abgebildet mit der Unterschrift: AUGUSTAE HIC LATENT EXUVIAE.

Rechter Hand ein gegen die Sonn aufsteigender Adler mit der Unterschrift: SIC PERGIT AD AETHERA VIRTUS.

Und gegen über an der Wand die hierauf alludirende Innschrift:

EXULARE EX AULA VIRTUTEM

VULGI

COMMUNE EST JUDICIUM :

ET SOLIUM

IN QUO VIRTUS RESIDET,

CELESTE QUI DIXERIT,

NON ABERRAT.

PIETATEM ET MAGNANIMITATEM

DUM SOLIUM CONSCENDIT,

COMITES HABERE ELEGIT

ET SEMPER SIBI GLORIAE DUXIT

CLEMENS AUGUSTUS

PROBE CONSCIUS

VIRTUTEM NULLI UMQUAM FUISSE
NOVERCAM.
HAEC
GENUINUM VERE FILIUM SIBI RAPUIT,
ET FELICI APOTHEOSI AD ASTRA TRANSTULIT
EXEMPLUM NOBIS RELIQUENS.

Linker Hand einen Sonnenblum mit der Unterschrift:

SERENUM SEU PALLIDUM INDUAT
VULTUM PHOEBUS
FURANT VENTI, MINITENTUR TONITRUA
INSULTENT FULGURA
NE VEL ULLA TEMPESTAS A SCOPO AVERTET
HELIOTROPUM
FIXO SEMPER IN SOLEM ASPECTU
VERISSIMUM
CLEMENTIS AUGUSTI
PROTOTYPON
QUI
VEL RIDENTE VEL NOVERCANTE FORTUNA
IN PROSPERIS AEQUE AC ADVERSIS
NUNQUAM A SCOPO AVERSUS
AC MIRANDA QUANDOQUE INTER MAERORES
ET RISUM EXTASI
IN EUNDEM CONVERSUS
QUEM DIU QUAESIVIT, TANDEM INVENIT
DUM IN VALLE CONFLUENTINA
EX HAC LACRYMARUM VALLE
AD AETERNA EMIGRAVIT.

Die acht Säulen waren mit figurirten Lorbeerzweigen, dann mit ohnzehligen Schlangenweis geführten Arm-Leuchtern von vergoldten Bronzen umwunden, und die obere *Corniche* mit verschiedenen dergleichen *Girandolles* und Vasen ausgezieret.

Auf dem Gipfel befande sich eine das traurende Vaterland vorstellende Figur mit dem Wappen des Erzstifts und Churfürstenthums Cölln.

In der Mitte unten ersahe man auf einer vier Staffel hohen Bühn das Traurgerüst, um welches die Chur- und Hochfürstliche *Insignia* auf schwarz-sammeten mit silbernen Gaidns [?] und Quästen gezierte Küssen ausgesetzet waren. Auf den übrigen Staffeln waren ohnzählbare Lichter und Fackeln von weissen Wachs auf denen prächtigsten Leuchtern und *Girandolles* von vergoldtem, silber und Bronze gestellet.

Oben dem Haupt-Eingang der Churfürstl. Hof-Capellen ware in eine großen Rahm von figurirten Alabaster *en Relief* folgende Innschrift zu lesen.

STA VIATOR
ET NON TAM OCULOS QUAM ANIMUM
HUC CONVERTE.
IRREPARABILEM JACTURAM
CLEMENTIS AUGUSTI
PATRIAE PATRIS
SOLENNI HAC AC LUGUBRI POMPA
DEFLET
AUGUSTAE RECORDANS CLEMENTIS
MAERENTISSIMA ARCHIDIAECESIS COLONIENSIS
QUAM
DUM VIXIT
PIETATE AEDIFICAVIT
MAGNANIMITATE REXIT

ET
MORIBUNDUS ETIAM
AUGUSTISSIMO MUNIFICENTIAE SUAE MONUMENTO
IN AETERNUM SIBI DEVINXIT.

Hac licet angusta Augustus condatur in Urna,
Attamen aeterno tempore vivus erit.

Zu beyden Seiten waren auf dem untern Gesimms deren
Wänden 14 Löwen, so die Chur- und Hochfürstl. Klag-Standarten
hielten.

Oberhalb der Logen ersahe man die Wappen deren Churfürstl. Ahnen, die väterliche recht- und die mütterliche linker Hand.

Der hohe Chor-Altar aber ware mit einem auf dieses Trauer-
gerüst alludirenden Gemählde bedecket, auf dessen Mitte zweischen
altfränkischen Traur-Vasen oder Urnen, und verschiedenen Traur-Fi-
guren folgende Inschrift zu lesen war:

AUGUSTIS MANIBUS
REVERENDISSIMI ET SERENISSIMI PRINCIPIS AC DO-
MINI, DOMINI
CLEMENTIS AUGUSTI
Archiepiscopi Coloniensis, S. R. I. per Italiam Archicancella-
rii & Principis Electoris, S. Sedis Apostolicae Legati Nati, Adminis-
tratoris Supremi Magisterii in Borussia, Ordinis Teutonici per Ger-
maniam & Italiam Magni Magistri, Episcopi Hildesiensis, Paderbor-
nensis, Monasteriensis, & Osnabrugensis, Utriusque Bavariae, Supe-
rioris Palatinatus, Westphaliae, & Angariae Ducis, Comitis Palatini
Rheni, Landgravii Leuhtembergensis, Burggravii Strombergensis,
Comitis Pyrmontani, Domini in Borkelohe, Werth, Freudenthall &
Eulenberg &c. &c.

61

Vixit Annos LX Menses V Dies XX.
Rexit Annos XXXVII Menses II Dies XXIV.
R. I. P.

Unten an dem Rauf desselben befande sich die Unterschrift:
hIC CorDa popVLorVM.

Damit anzuzeigen, mit was Innbrunst und Eifer die gesammte Chur- und Hochfürstliche Unterthanen so wohl als auch die benachbarte Länder sich um die Wette bestreben nicht allein die Seufzer ihrer zerknirschten Herzen dem Theuersten Vater des Vaterlandes in das Land der Ewigkeit nachzusenden, sondern auch auf denen Altären das ohnblutige alle Sünden der Welt abwaschende Opfer für Höchstdessen ewige Ruhe dem allerhöchsten Gott auzuopfern.
Et sVa post CLeMens fVnera, CorDa rapIt.

1761 März 13 Pater Lucian OFMCap[14]: Trauer und Lobrede in der Bonner Hofkapelle

oratIo fVnebrIs

perorata

sVb eXeqVIIs pro

CLeMente aVgVsto

baVaro

arChIepIsCopo et eLeCtore CoLonIensI

In aVLa bonnensI serVatIs.[15]

Das ist TRAUER- UND LOB-REDE zu unsterblicher und Ruhmwürdiger Gedächtniß des Hochwürdigst-Durchlauchtigsten Fürsten und Herrn, Herrn CLEMENTEN AUGUSTEN, Erzbischofen zu Cölln, des heiligen Römischen Reiches durch Italien Erzcanzlern und Churfürsten, gebohrnen Legaten des heiligen Apostolischen Stuhls zu Rom, Administratorn des Hochmeisterthums in Preussen, Meistern Deutschen Ordens in Deutsch- und Wälschen Landen, Bischofen zu Hildesheim, Paderborn, Münster und Osnabrück, in Ob- und Niedern Bayern, auch der Obern Pfalz, in Westphalen, und zu Engern Herzogen, Pfalzgrafen beym Rhein, Landgrafen zu Leuchtenberg, Burggrafen zu Stromberg, Grafen zu Pyrmont, Herrn zu Borkelohe, Werth, Freudenthal und Eulenberg etc. etc. Meines gnädigsten Fürsten und Herrn glorreichesten Angedenkens: Höchstwelcher im Jahre 1761 den 6ten des Hornungs im ein und sechszigsten Jahre

---

[14] P. Lucian stammte aus dem Kapuzinerkloster (seit 1618) in Münstereifel.

[15] Ein Chronogramm: I V I V X V I I C L M V V V C I I C L C C I I I V L I V I = 1761.

Höchstseines erlauchten Alters zu Coblenz in der Chur-
trierischen Residenz Ehrenbreitstein Höchstselig dieses
Zeitliche verließ; Mit Vorstellung eines vielfältigen Erz-
bischöflich- und churfürstlichen großen Tugendgeist,
bey feyrlichster Erzbischöf- und Churfürstlicher Leich-
besingniß in der Hof-Capelle vorgetragen von R[everen-
dissmo] P[atre] Luciano Monasterio Eiffliaco Capucino
und Chur-Cöllnischen Hof-Predigern, den 13. Merz im
Jahre 1761. Bonn, gedruckt und zu finden bey Ferdinand
Rommerskirchen, Churfürstl. Hof-Buchdrucker und
Buchführern.

< >

Magnus tu es, & magnum Nomem tuum.

Jeremiae 10.

Du bist groß, und groß ist dein Nam.

Als eine besondere nur einigen Menschen eigenthümliche
Verhängniß kann mans nicht ohne Grund angeben, daß selbige der
Erden durch eine ausserordentliche Vergünstigung des Himmels ver-
liehen, und denen übrigen in einem Vorbild gebohren zu seyn mögen
angesehen werden, allein wie allgemein das Frolocken bey der Geburt
dieser beglückten Menschen, also empfindlich ist der Schmerz den deroselben Hinraubung, dergestalten, daß nach vollendetem, wiewohl
sich in viele Jahren erstrecktem Lebenslauf fast niemand seye, der
nicht theils über den diebischer Weis erraschenden Tod zörne, theils
die Erblaßte mit einer irrdischen Unsterblichkeit über die Sterbliche
erhoben zu sehen wünsche.

Gleichwohl da weder das eine dem allgemeinen Trauermuth will abhelfen, noch das andere durch sehnlichste Bittseufzer sich läßt erzwingen, was thut nicht die treu verbundene Liebe um den so schmerzlich fallenden Abgang einigermassen zu ersetzen? sie flammet an einen unermüdeten Geist bey geschickten Männern um die tugendliche Sitten jener in bündige Schriften abzufassen, welchen die Völker ihre Neigung gemeinschaftlich verzinnset, diese Liebe überreichet der Mahlerkunst den Pensel in Hoffnung durch lebhafte Abbildung einige Linderung in der untröstlich vorkommender Abwesenheit zu erpressen, indem die stumme Farben mit vorgebildeter Beredsamkeit ihnen die holdselige Gespräch, gnädige Anblick, und erstattete Günsten der Ordnung nach müssen vortragen. Lasset sich wohl mit diesem die obberührte Liebe begnügen? nein, sondern sie begreift, wie leicht die Schriften vermodern, wie vielfältig die Mahlerey durch die ungünstige Elementen ihres Glanzet beraubet, oder gar zernichtet werden, diesem vorzukommen, schaffet sie Marmor und Erzt herbey, die Bildhauer- und Gießkunst muß alle ihre Kräften aufbiethen, auf daß die von ihr wahrgenommene herrliche Thaten durch natürliche Vorstellungen nicht minder eine unauslöschliche Gedächtniß bey der späten Nachwelt erwecken, als deroselben Ausübung zur vielfältigen Bewunderung ehemalen hat Anlaß gegeben, auf solche Art ist die treue Lieb beschäftiget, die theure Gedächtniß jener zu verewigen, deren ruhmvolles Leben sie würdig schätzet die Gesetz der verhaßter Sterblichkeit zu besiegen.

Dankbarist-gesinnete Liebe! so nehme dann wahr, was dir zu beobachten obliege, da du dieses Trauervolles Todtengerüste ansichtig wirst, mithin dich erinnerest, das es die noch so bald nicht vermuthete Leichenbesingniß vorstelle von Clement August unserm Hochwürdigsten Erzbischofen und Durchlauchtigsten Landsfürsten, von Clement August, der ein Augapfel der Welt, der Glanz des Durchlauchtigsten Hause Bayern, dem mit mehrerem Fug, als vorhin dem

Kaiser Titus mag beygelegt werden der holdselige Titel *Deliciae Generis humani* – die Ergetzlichkeit des menschlichen Geschlechts: von Clement August, den weder die heisse Thränen seiner bekümmerten Länder, weder die herzbrechende Seufzer deren getreuen Untergebenen, noch die unaufhörlich nach dem zur öffentlichen Anflehung ausgesetzten Hochwürdigsten Gut des Altars abgeschickte Bittschriften deren benachbarten fremden Unterthanen der Sterblichkeit zu entreissen vermöcht.

< >

Denke, ach! denke reiflich, was deine tausendfältig verbundene Pflicht von dir erheische, du hast schon bey diesem traurigen Fall der Fama aus den Händen gerissen die Freudentrompett, mit welcher sie von diesem großen Fürsten von Zeit zu Zeit neue Freud angesagt, Fama flieget auf dein Geheisch herum mit der heiserer Traurposaun, und blaset uns mit betrübtem Klang ein allgemeines Leidgeschrey, du hast schon die Schauplätz der Ergetzlichkeit in eine finstere Todtenbühn abgeändert. Solle vielleicht mit dieser deiner Schuldigkeit ein Gnügen geschehen seyn? ach nein! auch die Sterblichkeit selbst muß durch deine Bemühung in eine Art der Unsterblichkeit überstaltet werden.

Gestorben ist unser mildester Beherrscher und wahrer Landsvater, und mit diesem hat er die Schuld der Natur bezahlt, zu bewundern aber hat er der Nachwelt hinterlassen seine Tugendthaten, und mit diesen hat er sich unsterblich gemacht, *quod obiit, fragilitatis fuit,* also brauch ich die Wort Ambrosii, im Tod des Kaisers Valentiniani, *quod talis fuit, Admirationis,* daß Clement August gestorben, ist der angeerbter Gebrechlichkeit beyzumessen, daß er also gelebt, ist zu bewundern. Wird schon der Leib im dunkeln Grab endlich vermodern, soll doch der Tugendruhm, wie ein kräftiger Balsam sich in die ganze Welt ausbreiten, also hat es angeordnet die göttliche Weisheit,

Prov[erbia] 10: *Memoria Justi in Laudibus* – des Gerechten Gedächtniß bleibt im Lobe.

Foderet demnach die Pflichtschuld der Liebe mit Dankbarkeit
den vielfältigen Tugendgeist unseres im Leben allergnädigsten Lands-
fürstens der Nachwelt zu immerwährender Bewunderung bekannt zu
machen. Mir ist unverhohlen, mit was Ernst die übrige Künsten schon
längst sich beeiferet die holdselige Leibsgestalt, und die in diesem her-
vorleuchtende Tugend und trefliche Thaten unsers Weyland Durchlauchtigsten Churfürsten dem Schicksal der Vergessenheit zu entreissen, zu beklagen ist es dannoch, daß auch kein Redner vorhanden,
welcher das Lob dieses Fürstens der Gebühr nach in den menschlichen Gemüthern verewige, sein vielfältiger Tugendgeist will von
hochbegeistertem Gehirn angerühmet werden. Doch jenes Lob, so
von der dankbarer Lieb abstammet, ist das wahrhaftigste und zier-
lichste, welches von keinem Fremden verfälschet wird. Würde ich
Fremde vor mir haben, konnte ich in Furcht stehen, meine niedrigen
Reden wurden unsern großen Fürsten verkleinern, so ist aber meine
Red zu jenen gerichtet, die mehrentheils selbst Anschauer seiner Tugenden gewesen, und die Wenigkeit meiner Worten mit ihrer frischen
Gedächtniß ersetzen; zu jenen rede ich, welche das holdselige Andenken von Clement August hoffentlich auf die späte Nachkommenschaft dergestalt werden fortpflanzen, daß selbiges weder einige Gewalt noch Bilder- und Ehrensäulen fressendes Rost aus ihren geneig-
ten Gemüthern wird auszutilgen vermögen.

Solchemnach soll zum Innhalt meiner aus dankbarer Liebe
zielender Traur- und Lobred dienen der vielfältiger Tugendgeist *multiplex Spiritus*, Jobi 8, welcher Clement August bey Lebzeiten beseelet,
und ihm einen unsterblichen Ruhm erworben hat, diesen großen Tugendgeist nehme ich her von seinem zweyfachen glorreichen Namen,
und sage: *Magnus es tu, & magnum Nomen tuum.* Clement August ist
groß, und groß ist sein Nam. Augustus der Große hat in Clemens dem

Gnädigen, und Clemens der Gnädige in Augusto dem Großen einen vielfältigen großen Tugendgeist besessen.

Magnus es tu, & magnum est Nomen tuum.

Groß bist du, und groß ist dein Nam.

Jerem. 10

Vergleichen sich die Tugenden des Gemüthes denen Sternen des Himmel, wie ein heiliger Augustinus sagt, so mag wohl von dem Durchlauchtigsten Gemüth *Clementis Augusti* gesagt werden, was bey Abraham von den Sternen Genes. 15. Eben wenig lassen sich seine Tugenden, dann die Sternen des Himmels, abzehlen. Ich will die Schaarmenge {*comitatum virtutum,* wie sie Seneca nennet} in die engeste Schranken setzen, und deren einige, weil doch alle unmöglich, verzeichnen. Den großen Tugendgeist dann Augustus in Clemens der Nachwelt mit lebhaften Farben vorzumahlen, bin genöthiget mich in die Tiefe herunter zu lassen, und dessen Grund aufzusuchen, als gleich ist Augustinus zugegen, und leget mir ihn vor Augen: *Cogitas magnam Fabricam Celsitudinis construere, prius cogita de Fundamento Humilitatis* – Bist du Willens ein große Tugendgebäu in die Höhe auszuführen, gedenke zuvorn an den Grund der Demuth; anerwogen, was der Grundstein dem herrlichen Gebäu, das ist der Demuthsgeist allen Tugenden, wie Bernardus sagt. Aus dieser Tiefe

< >

hat August in Clement seinen großen Tugendgeist hergenommen, welcher ihm bey seiner Erzbischöflichen und Churfürstlichen Würde, die er bis ins sieben und dreyßigste Jahr glorreichst besessen, von seinem göttlichen Oberhirten durch Paulum ad Timoth. 1, zuerst liesse gesagt seyn, keines stolzen übermüthigen Geistes zu seyn,

68

welche Apostolische Lehr in seinem fürstlichen Herzen dergestalten tiefe Wurzel gelegt, daß an ihm nichts anzutreffen, wie bey vielen Weltprinzen von jenem verhaßt machenden Uebermuth, der auf nichts anderst bedacht, als was seinen Stand erhalten, seine Ehr wahrnehmen, und seine Würde groß machen könne.

Ist Antiochus der große Fürst und König ins Heiligthum hineingangen mit Stolz, *introivit in Sanctificationem cum Superbia*, 1. Mach. 1;

Ist Nabuchobonosor in seinem Herzen aufgebäumet daher gangen, *elevatum est Cor eius & spiritus illius obfirmatus est ad Superbiam*, Daniel 5;

Ist Pharao in der Würde seines Gottes vergessen, *nescio Dominum*, Exod. 5.

O so gienge der Tugendgeist August in die Tiefe, und ware in dem Abgrund eigener Erniedrigung so zahlreich in denen Wirkungen, als immer der Goldsand am Ufer des Meeres, und er so hoch erhöhet, daß er kaum in die Tiefe hat hineinsehen können, gleichwohl hat ihn sein Ehrenstaffel so wenig anfechten können, als den Blinden die Farben. Wohl mochte er mit David sagen: *ero humilis in oculis meis*, 1. Reg. 6 – In meinen Augen will ich demüthig seyn, und mit oberwehnten Fürsten seinen Gott anreden: *Domine, non est exaltatum Cor meum*, Psal. 130. Du weist Herr! daß der Glanz meines fürstlichen Stands mich niemalen verblendet habe, noch der Hochmuth in meinem Herzen statt gefunden. Er suchte anderst nichts als vermittelst seiner Demuthsvoller Leutseligkeit die Herzer der Unterthanen einzunehmen. Laßt nur zum Vorschein kommen, und der Wahrheit das Gewicht geben, so täglich um ihn zu seyn die Gnad gehabt, einhellig müssen sie aussagen, wie August in Clement aller seiner Würde zu vergessen scheinend kaum wahrnehmen liesse, daß man mit einem so hohen Fürsten umgienge. Er hat schon an ihm erfüllet, was die Indianische Weltweise als ein Geboth gehalten, daß die demüthige

Freundlichkeit gegen die Unterthanen denen Fürsten als eine angebohrne Gaab seyn müßte, wie Nicephorus Gregorius[16] meldet {His-
tor[ia] Byzan[tina] libr[o] 6}: *Illud est Indorum Sapientium praecep-
tum, Principem, quo natura sublimior sit, eo humaniorem se praebuerit
inferioribus.* Dieser Fürsten Eigenschaft hat auch lebhaft vorgestellt
der heidnische Seneca lib. 1 de Clem.[17]: *Summae affabilis, accessu facilis, vultu amabilis* – holdselig in Gebärden, unbeschwerd im Anhören,
lieblich im Angesicht. Freylich ware August seine Ansprach lieblich
und Hönig auf der Zungen, sein Verhör leicht und sanftmüthig, gegen
jedermann aufrichtig, nicht anderst, als wie der Löw gegen seine Jungen, dem der Symbolist diese Unterschrift macht, *nec aspicit, nec vult
torue aspici.* Sein bey jedem holdes Wesen, mocht man aus den Augen
lesen. Sein Umgang mit dem Unterthanen wäre wie des Löwen mit
seinen Jungen, der im Sinnbild führet: *imparibus ultro*, wie gring auch
war eins jeden Stand, doch für allem Augustus fand.

Und was Lampridius[18] in Alexander Severus meisterlich her-
vorstreichet, der von solcher demüthiger Holdseligkeit gewesen seye,
daß er nicht allein mit seinen hohen Ministern, sondern auch dem
geringsten Unterthan gnädigst umzugehen gepfleget, dieses kann ich
weit mehr in August fürstellen, dem niemand zu gering, niemand zu
schlecht, auch so gar deren unschüldigen Kindern Ansprach lei-
dentlich, alle so wohl Große als Kleine, Hohe als Niedrige, Reiche als
Arme mit einem nicht verstellten wie vorhin eines Prinzen Absolons
die Seinige, sondern wahren Demuthsgeist anzuhören sein höchstes

---

[16] Nicephorus Gregoras (ca. 1295 – 1360) war ein byzantinischer Astronom, Historiker
und Theologe.

[17] «sermone adfabilis, aditu accessuque facilis, voltu, qui maxime populos demeretur,
amabilis » de Clementia I, 13.

[18] Aelius Lampridius gilt als einer der sechs Verfasser der Historia Augusta; diese sind
zusammengefasste Kaiser-Viten. Diese sechs werden seit Casaubonus 1603 als die
Scriptores Historiae Augustae („Verfasser der Kaisergeschichte") bezeichnet.

Vergnügen gehabt. Ja solcher Demuthsgeist beherrschte das Gemüth August, wie von Eneo Pompejo Cicero De lege Man.[19] bezeuget, *ut is, qui Principibus excellebat Dignitate, Facilitate par infimis esse videretur.* – Der an Hoheit unter den fürnehmsten den Vorzug hatte, an demüthiger Freundlichkeit dem geringsten gleich zu seyn schiene. Schlage man nur auf die Bücher deren Bruderschaften, welchen August einverleibet, wird sich auch die Wahrheit zeigen: *Ego CLEMENS AUGUSTUS minimus,* der Geringste. Es bleibt darbey, der Bayrische Löw hat im Sinnbild: *imparibus ultro,* wie gring auch war eins jeden Stand, doch für allem Augustus fand.

Was Wunder! diesen großen Tugendgeist hat August in Clement eingeflösset bekommen von dem allerhöchsten doch demüthigsten Oberhirten, der gesprochen: *Discite a me, quia mitis sum & humilis corde*[20] – lehrnet von mir, ich bin sanftmüthig und demüthig von Herzen: den er als ein wahres Vorbild in ihm ganz vollkommen abgebildet, und kann ich diesem Demuthsgeist zueignen, was der heilige Bonaventura von der Demuth sagt: *humilitas gratiosi instar floris speciosi, luminosi instar sideris radiosi, virtuosa instar lapidis pretiosi.* – Dass Er gewesen holdselig, wie eine wohlriechende Blum: glanzend, wie ein leuchtender Stern, köstlich, wie ein wichtiger Edelgestein.

< >

Wie groß nun dieser Demuthsgeist August in Clement, so konnte es anderst nicht seyn, als daß er mit einem andern Tugendgeist, als nämlich: der brennender Liebe Gottes vergesellschaftet würde, und bin ich befugt den großen Liebsgeist August gegen Gott anzusehen, und fürzustellen gleich jenem geheiligten Altar, auf welchem vormal aus Geheiß Gottes ein unauslöschliches Feuer allzeit

---

[19] «ut is, qui dignitate principibus excellit, facilitate infimis par esse videatur. » De lege Manilia, 41.
[20] Matth. XI, 29.

71

brennen müßte, *ignis in Altari semper ardebit* {Levit. 6}, *quem nutriet Sacerdos subjiciens ligna per singulos dies.* – Welches in der Flamm zu halten täglich ein Priester Holz beylegen sollte. O wohl ein geheiligter Altar das Herz August, auf welchem das göttliche Liebsfeuer durch seine Gottseligkeit gebrennet, dieses Feuer in Flamm zu halten, hat er selbst als ein hoher Priester täglich Holz beygetragen, Holz der heiligen Werken, Holz des heiligsten unblutigen Meßopfers, welches er nicht allein oft mit höchster Auferbäulichkeit und Innbrunst des Herzens verrichtet, sondern auch demselbigen täglich mit wahrem Andachtseifer und lebendigem Glauben beyzuwohnen, an allen Samstagen aber auch bey denen größten Landsgeschäft drey heilige Meß anzuhören nie unterlassen. Ware ihm also der Tempel ein Himmel, zu welchem er nach Rath des heiligen Nili[21] gangen. *Ecclesiam non secus ac Coelum frequenta: nihilque in ipsa seu loquere, seu cogita ter[r]enum.* Hat man August in diesem sittlichen Himmel gesehen, konnte man an ihm einen Engel erblicken, weilen seine Auferbäulichkeit den Liebseifer eines Engels fürstellte.

Subjiciens ligna, Holz hat August der große Priester beygelegt der eifriger Betrachtung des bittern Leydens Christi, so ihm gleichsam das Herz vor Mitleid blutig gemacht, laß hiervon mit stummen Zungen reden der Creutzberg, nicht weit von hiesiger Residenzstadt, den ein so großer Fürst ofters ohne Scheu des rauen Wegs und ungünstigen Gewitters durch die heilige Fastenzeit auf den spitzige Steinen[22]

---

[21] Der heilige Nilus der Jüngere, oder nach seinem Geburtsort Nilus von Rossano (* um 910 † 1004), war vornehmer griechischer Herkunft und lebte als Mönch vornehmlich in Süditalien.

[22] 1746 gab der Erzbischof und Kurfürst von Köln, Clemens August, bei dem Baumeister Balthasar Neumann den Bau der Heiligen Stiege auf dem Kreuzberg in Auftrag, die bereits 1751 fertiggestellt und geweiht werden konnte. Die Heilige Stiege (28 Stufen) ist eine Nachbildung der „Scala Santa" in Rom, der angeblich vom Palast des Pilatus stammenden Treppe, die Jesus vor seiner Verurteilung hinaufsteigen musste und die schon 326 nach Rom gebracht worden sein soll.

ohne einigen Begleit ganz wehemuthig hinaufgangen, als wann er auf Rosen daher geloffen. In welcher Andacht ihn die Unterthanen wie dem Hirten die Schaaf nachgeloffen, und hat der Magnetstein nicht so viele Kraft das Eisen an sich zu ziehen, wie zur Verehrung der von August auf gemeldten Creutzberg aufgerichtete heilige Stiegen das herrliche Beyspiel des Fürstens seine Untergebene. Zeugniß soll hiervon geben die wunderwürdige von seinem Herr Oheim Joseph Clement, glorreichesten Andenkens, eingerichtete Andacht in der heilig Charwochen, die er mit höchstem Eifer fortgesetzt und gesteigert, da vom Grünen Donnerstag an bis zur Oesterlicher Mitternacht bey Hof im heilig Grab Tag und Nacht von Stund zu Stund öffentliches Gebeth von unterschiedlichen sich aneinander abwechslenden Personen, auch mit Predige, Gesängen und heiligst Uebung gehalten, dabey er jederzeit unermüdt bis in die spate Nacht erschienen, und vor der lebendigen Archen des allerheiligsten Altars-Sakraments, wie David vor der Bundsladen, mit wahrem Geist musiciret.

Subjiciens ligna, Holz hat August der hohe Priester beygelegt der Altar Bayrischer Andacht gegen Mariam, welche ihm mit dem herrschenden Geblüt in dem Durchlauchtigsten Haus ist angebohren. Viele Christliche Fürsten, gestehe ich, haben mit der kindlicher Andacht gegen Mariam der Welt hervorgeleuchtet, vor andern das Durchlauchtigste Hauß Bayern. Verzeyhet mir ihr andere Fürsten, wann ich etwas von euerm Lob nehme, und dem herrschend Haus Bäyern zueigne: andere Fürsten haben den Lob erhalten, und erhalten ihn noch durch stete Uebung, daß sie Liebhaber Mariä sind, dem Bäyrischen Fürsten aber ist sie angebohren. Aus diesem Durchlauchtigsten Haus hat die zarte Lieb und kindliche Andacht gegen Mariam unser Weyland gottselig gestorbene Fürst mit sich genommen; sind nicht dessen weltbekannte Zeugen so viele zu Ehr seiner allerliebsten Mutter angestellte Andachten und Wahlfahrten nacher Alt-Oetingen, nacher Bornhoven, Kevelaer, Aldenhoven, und andern Oertern, die er

mehr dann mit fürstlichen Schankungen beehret. Ich übergehe das
Fasten, welches er alle Feyrabend vor denen Marianischen Fest fleis-
siger beobachtete, als das verderbte Weltkind die Wollüsten, sich an
gemeldten Tag, wie auch dreymal in der Woche, das ganze Jahr hindurch mit purem Wasser ohne Wein begnügend. Ich rede nichts von
der ausserordentlichen Andacht des heiligen Rosenkranzes, welchen
er täglich im Schloß Poppelsdorf öffentlich abzubetten gnädigst verordnet, und selbst dieser Andacht in eigener hoher Person, wo möglich, beygewohnet. Gnug seye, daß August in Clement auf dem Altar
seines Herzens das göttliche Liebsfeuer im Brand zu halten Holz der
kindlicht Andacht gegen Maria beygelegt, und wie ein neues Oel zu-
gegossen.

Subjiciens ligna. Holz hat August unser Hochwürdigster Erzbischof beygelegt seinen wunderwürdigen Eifer die Ehre Gottes und
den Kirchendienst zu befördern, wer wills, der es selber mit Augen
nicht gesehen, glauben? den Gottesdienst zu befördern, ist in ihm
wiederum ein Moyses aus seinen Aschen hervorkommen. In denen
öffentlichen Kirchengängen, wie oft hat man ihn mit brennenden Fackeln gesehen, mit denen er seinen Untergeben, wie ein auf dem
Leuchter gestelltes Licht,

< >

vorgeleuchtet. Wo ware ein allgemeiner Bethtag für geistli-
ches und zeitliches Anliegen, deme er nicht beygewohnet, und das
Volk durch seine hohe Gegenwart mit dem Exempel angeflammet?
Dieser Andachtseifer aber glänzete am mehristen die Ehre Gottes
überall zu befördern durch mildiste Stiftung und Einführung so vieler
Andachten, durch Erbauung unzähliger Kirchen und Capellen, die er
nicht allein in eigener hoher Person mit unermüdetem Eifer einzu-
weihen ein gnädiges Gefallen gehabt, sondern auch zu dero Zierath
die ansehnlichste Schankungen reichlich hergegeben. Aller Weitläuf-
tigkeit diesfalls auszuweichen, soll seines zartisten Andachts-Eifer,

die Ehre Gottes zu erweiteren, ein lebhaftes Merkmaal seyn unser
Gotteshaus zu Bonn, welches er ausbündig schön ganz mildigst hat
auferbauen lassen, würde es auch gewißlich weit herrlicher aufgerichtet haben, wann ihm unsere Evangelische Armut keinen süßen
Zwang angethan hätte. Wer diesen ohngewohnlichen Eifer zu Beförderung göttlicher Ehre was reifers beherziget, kann er ihm weniger
beylegen, als was Elias von sich selben gesprochen, 3. Reg. 19: *Zelo
zelatus sum pro Domino.* – Ich hab mir Eifer geeifert für den HErrn.
Kann er ihm weniger absprechen, dessen sich David rühmet: *Domine
dilexi decorum domus tuae,* Ps. 25 – ich habe die Zierde deines Hauses
geliebet. Kann er ihm den Vorzug des Eifers streitig machen, welchen
Gott vormahlen dem Propheten Samuel zugeleget: *Suscitabo mihi Sa-
cerdotem fidelem, qui iuxta cor meum & animam meam faciet.* 1. Reg.
2 – Ich will mir auferwecken einen getreuen Priester, der thun wird,
wie meinem Herz und meiner Seele gefallen wird. Sollt man mich ver-
argen? wann ich bejahen werde, daß Simon ein Sohn Oniä und ein
großer Priester in ihm seye wiederum lebendig worden: *Simon Oniae
filius Sacerdos magnus, qui in vita sua suffulsit Domum & in diebus
suis corroboravit Templum*[23] – der das Haus in seinem Leben unter-
bauet und in seinen Tägen den Tempel gestärket. Ohne Schmeicheln
muß ich ein gleiches ausrufen von Weyland unserm Durchlauchtigsten Erzbischof und hohen Priestern: oder wollte ich mich nicht unter-
stehen dieses zu reden, würden wider mich rufen die Stein der aufer-
bauten Mauren. *Lapides clamabunt,* Luc. 19. und sagen, August seye
gleich Simon dem großen Priester, und dieses mehr dann billig. Ist
Simon der hohe Priester, *quasi Stella matutina in medio nebulae, &
quasi Luna plena in diebus suis*[24] – wie ein Morgenstern in mitten des
Nebels, und wie ein voller Mond in seinen Tägen: so ware August ein

---

[23] Eccl., 50,1.
[24] Jesus Sirach, 50, 6.

75

Morgenstern, der den finstern Nebel der Unwissenheit in der Jugend durch aufgerichtete Schulen vertrieben: ein Morgenstern, der den Nebel des schädlichen Irrthums durch gnädige Unterhaltung deren sich zum wahren Glauben Gewendeten in vielen Orten zertheilet: ein Morgenstern, der den Nebel der Unsauberkeit in denen Gotteshäusern keineswegs dulden mochte: quasi Luna plena, er wäre auch wie ein voller Mond deren schönsten Tugenden, mit denen er in seinen Tägen geleuchtet. Ist Simon der große Priester, *quasi Sol refulgens, sic ille effulsit in Domo Dei*[25] - wie die Sonn in ihrem Glanz, also leuchtet er im Tempel; so ist auch August der große Priester gewesen, der durch seinen heftigsten Andachtseifer im Tempel Gottes, wie die Sonn, geglanzet. Ist Simon der große Priester, *quasi ignis effulgens & thus ardens in igne*[26], wie ein schimmerend Feuer und wie ein Weihrauch, der mit Feuer angezündet wird: so ist auch August in Clemens gewesen, der den Weihrauch seines eifrigen Gebeths mit dem Feuer der göttlichen Liebe im Tempel mehr und mehr großen vielfältigen Tugen[d]geist gehabt.

Große Welt! jetzt strecke ich meine Händ aus in die Höhe und begehre zu wissen, wo mehrere Tugenden August in Clement zu finden? Selten ist eine Muschel mit zweye Perlen fruchtbar, weit anderst wahre Tugenden, welche gleich dem Diamant auch in denen Trümmern kostbar, gleich dem Nilusstrohm, der auch an einem Arm ganze Meerweite entdecket, wovon Seneca[27] sagt, *quidquid elegeris mare est.* Man gebe nur, was immer an einem Fürsten glanzet, so wird sich allhier mehr finden, als bey andern zeigen.

---

[25] Jesus Sirach, 50, 7.
[26] Jesus Sirach, 50, 9.
[27] Natural. Quaest., I, 42.

Soll ich melden von der ungemein wachtsamer Sorgfalt und sorgfältiger Wachtsamkeit über die ihm anvertraute Heerd? finde ich, daß er dem süßisten und gleich schärfisten Befehl seines göttlichen Oberhirtens durch Paulum auf das genauiste nachkommen: *Attendite vobis & universo Gregi, in quo vos posuit Spiritus sanctus Episcopos regere Ecclesiam Dei*, Act.20 – Habt acht auf euch selbst und auf die ganze Heerd, in welche euch der heilige Geist zu Bischöfen gesetzet hat, die Kirch Gottes zu regieren. Recht und wohl erfoderet dieses von allen Bischöfen der heilige Apostel, gestalten das Wort Bischof eigentlich heischet ein Aufseher: Bischof seyn und Aussicht haben auf die Heerde, ist eins. Erinnere man sich nur unsers Weyland sorgfältigsten Erzbischofen, mein was einen Bäyerischen Eifer in geistlichen Dingen hat er nicht überall gezeiget? betrachte man nur dessen geschärfiste Befehle, welche er als ein wachtsamer Oberhirt an seine gesammte unterhabene Geistlichkeit hat ergehen laßen; dessen theils mit Drohungen, theils mit Liebvollen Anordnungen angefüllte Ermahnungs- und Warnungs-Briefe so häufig anzutreffen sind, daß ich solche anzuziehen für eine vergebliche Arbeit rechne.

< >

Und hat diesfalls unser gottselig gestorbener Erzbischof eine Löwen-Eigenschaft an sich gehabt; findet der Löw seine Junge schlafen, und willt, sie sollen des Tagslicht ansehen, gehet er um sie her und brüllet, der Ursachen machet ihm Franciscus Raulinus[28] folgende Ueberschrift: *Excitat, non discerpit* – Er wecket nur, zerreisset nicht. Dieser Löw bildet uns vor einen wachtsamen Seelenhirt, der seine Unterthanen wie Kinder zu halten pfleget: merkt er nun, daß sie tief in einem Mißbrauch, in einer Sünd eingeschlafen, so rufet er, so drohet er mit väterliche Ermahnungen und Hirten-Schreiben, *excitat non discerpit*, pflegt gleich mit dem Schwert und Schärfe nicht darein zu

---

[28] Weiter nicht zu identifizieren.

schlagen, es geschieht nur, daß sie erwachen, und wie die junge Löwen des Tagslichts, meyne des Gnadenlichts geniessen mögen. Dieser Löwengeist ist eigen gewesen unserm August in Clement. *Excitat non discerpit.* Wie der Löw zum Licht aufweckt, also holdrich August schreckt.

Und kann ich in ihm keck wiederhohlen, was P. Joannes Baptista Baretha[29] aus der Gesellschaft Jesu bey der zu Mäyland gehaltener Trauerbegangniß Philippi des Vierten[30] gethan: unter andern Sinnbildern hat er einen Löwen abgeschildert, der mit offenen Augen seinen übrigen rastende Gliedern die süsse Ruhe geschaffet, das Sinnbild ist dieses: *Excubiae capitis fecere quietem* – Matte Glieder legt euch nieder, in dem Haupt die Obsorg wacht. Hiemit wollte Baptista anzeigen, daß die Unterthanen die glückseligste Ruhe genießen, wenn der Fürst und Seelenhirt für sie wachtsame Augen hat.

O wohl hat August in Clement, als ein sorgfältiger Hirt seine Augen jederzeit offen gehabt, und was ist erfolgt? *Excubiae capitis fecere quietem,* soll imgleichen Unruh weichen, weil August die Aufsicht tragt: müssen wir nicht mit einhelliger Dankbarkeit seiner liebreichen Hirtensorg zuschreiben, daß wir so lange Jahren die süßiste Friedensruhe genossen?

Nun wird Zeit seyn in unserm Weyland gnädigsten Landsvatern einen besondern Tugendgeist zu merken, Clement giebt ihn an Tag in August und ist seine mildvolle Barmherzigkeit: hier brauchte ich Gold- und Cedersaft unsers mildisten Fürstens Barmherzigkeit zu beschreiben, die ihn in Wahrheit mehr zu einem gütigsten Vater als Regenten gemacht.

Hat ehemals Artaxerxes König in Persien – Esther 13 – von sich gesagt: *Volui nequaquam abuti potentiae magnitudine sed*

---

[29] Nicht identifiziert, eventuell = Giovanni Battista Baratta?
[30] Philipp IV. (* 1605 † 1665 Madrid) war König von Spanien.

clementia & bonitate gubernare subiectos – Ich habe niemalen der
Größe meiner Macht mich mißbrauchen, sondern in Milde und Güte
meine Untergebene beherrschen wollen; so mögen wir dieses weit
besser sagen von Clement unserm Weyland gnädigsten Fürsten, dem
die milde Natur selbst gegen die Unterthanen schiene das Eingeweide
versüsset zu haben. Er wuste wohl, daß die Landsfürsten der Sonnen
gleich seyn müßten, welche die Ausdünste der Erden derwegen an
sich ziehet, damit sie selbige in einem fruchtbaren Regen wiedergeben
könne; der Ursachen kann von ihm unwidersprechlich behauptet
werden, was die heilige Schrift meldet – Prov. 16: *Clementia ejus quasi
imber serotinus* – Seine Milde wäre wie ein angenehmer Abendregen,
welcher die truckene gleichsam ausgezehrte Felder wiederum erfri-
schet, worinn Clement sich als glückselig schätzte.

Hat Plinius[31] seinen Trajanum gepriesen, weil dieser zu sagen
pflegte: *nullam majorem esse Principis felicitatem, quam fecisse felicem*
– keine größere Glückseligkeit eines Fürsten seye, als andere beglück-
seligen. So haben wir wiederum einen Trajanum erlebt, und wie viele
hat Clement in August nicht beglückseliget? die Feder eines Plinii
konnte es nicht beschreiben.

Wie Petrus der Apostel Fürst die mildherzige Tabitha vom
Tod zu erwecken zu Joppen ankommen, Act. 9, stunden viele verlassene Wittwen um ihn herum, und zeigten die von der Verstorbener
geschenkte Kleider. Ach Petre, könntest du heut vom Himmel

---

[31] Der Wortlaut dieser Passage findet sich nicht bei Plinius d.J., sondern bei Pacatus
Drepanius (4. Jhdt.) in seinem Panegyricus auf Theodosius I., c. 27: *nullam majorem
crediderim esse Principum felicitatem, quam fecisse felicem, & intercessisse inopiae, &
vicisse fortunam , & dedisse homini novum fatum.* Die sinngemäß passende Stelle bei
Plinius lautet: *veneratus miratusque sim; quod tantam pecuniam profudisti, non ut
flagitii tibi conscius ab insectatione ejus avertere famam, nec ut tristes hominum moes-
tosque sermones laetiore materia detineres, nulla, congiario culpam; nullam alimentis
crudelitatem redemisti, nec tibi bene faciendi fuit causa, ut quae male feceras, impune
fecisses. Amor impendio isto, non venia quaesita est.* (Panegyricus N. Traiani, c.28).

herabsteigen, und von Gott die Gnad erhalten unsern lieben Clement
aus seinem Todtensarg wiederum zum Leben zu erwecken, ich wollte
der Fama die heisere Posaun {mit welcher sie ein so allgemeines Leidgeschrey ausgeblasen} wiederum aus den Händen reissen, und die
Freudentrompette darreichen, alle von dem milden Clement Beglück-
seligte herbeyzurufen, um der Wahrheit Zeugniß zu geben, wie sie
von ihm beglückseliget worden. Dieser müßte große Geldsummen,
ein anderer hohe Ehrenämter, ein dritter andere Gnaden aufweisen,
ja alle einhellig bekennen, daß unserm Weyland mildesten Fürsten
nach Gott ihm allein ihre Glückseligkeit zu danken haben, welche
sonst als dürre Aecker verschmachten müßen. Wie vielen Wittiben
har er durch Anlegung eines Gnadengehalts den Verlust ihres ver-
lohnten Ehegatten, wie vielen Weysen den Abgang ihrer Aeltern er-
träglicher gemacht? wie mancher armer Jungfrauen, die wie eine keu-
sche Daube nicht wuste, wo sie mitten

< >

in dem Sündfloß der Weltlastern einen sichern Fuß setzen
möchte, hat er durch mildeste Beysteur zur Klösterlichen Archen den
Eingang eröffnet? diese, diese müßen seiner mildvoller Barmherzigkeit mehreren Werth geben, dann das schwere Gewicht dem Gold.
Laß ihms keiner wunderlich einfallen, Clement wüste wohl, daß die
arme Unterthanen gleich denen Ampeln seyn müßten, welche, wann
sie brennen sollten, ohne Oel nicht seyn können. Seine Barmherzigkeit ware so bekannt denen Armen, als das Sonnenlicht allen Menschen, ja er erschiene mehr barmherzig, dann die Armen bedürftig zu
seyn. Seine Finger waren oft so vieler Bittschriften, als eine Rose deren Blättern, wovon die mehreste Supplicanten den Gnadengeruch
erhalten, und waren seine Vorzimmer ein Zufluchtsaltar, bey welchem alle vergnügt gestanden, niemals ware er gebethen, wo nicht,
wanns möglich, Hülf gefolget, oder, wann Clement nicht helfen
konnte, hat er wider seinen Willen die Supplicanten wehemuthig

entlassen müssen. Uebrigens kann man sagen, daß unter diesem mildesten Fürsten alles gelebt, wie die Blumen auf dem Feld, für welche die Welt und der Himmel sorgte. Findet man in der Welt unter den Fürsten, der dieses Clement August nachgethan?

Das Angesicht eine Fürstens ist jene Sonn, so alle untergebene Länder ergetzet, doch wird solche durch Landssorgen als Dampf von der Erden öfters verdunkelet, allein Clement hatte das Meisterstück auch solche Finsterniß zu vertreiben, seine Holdseligkeit ware der Ostwind, so alles erheiteret, und alles Regengewölk in sich verschlucket. Kühn laß man ihn nennen einen Immen ohne Stachel, eine Daub ohne Gallen, ja gleich denen hohen Felsenbergen, aus welchen, wie Plinius schreibt, nichts herbes, nichts giftiges, sondern die nutz- und köstlichste Kräuter wachsen. Konnte anderst nicht seyn, und die aus seinem Angesicht glanzende, und dem Durchlauchtigsten Haus Bäyern angebohrne Milde in Clement August möchte es auch anderst nicht haben. Seine zwarn scharfe Blick waren dannoch wie die Blitz an dem Himmel in denen warmen Sommersnächten, wo das Feuer sich sehen lasset, die Luft nicht zu verbrennen, sondern abzukühlen. Dießfalls brauche ich nicht großen Umschweif zu machen, bedarf nur zum Behuf der Wahrheit die traurigste Hofstaat unsers Weyland mildesten Landsvaters anzuzeigen, die bittersten Zähren aller seiner Bedienten, so auf dessen Tod erfolget, und noch zu fliessen nicht aufhören, geben mehreren Nachdruck, als ich mit allen Kunstgriffen der vollkommenste Beredsamkeit verfertigen könnte. Diese müßen mir die Wahrheit gestehen, daß, wanns ihrer Willkuhr frey gestanden gewesen, sich selbsten nach Belieben einen gütigen Herrn zu erwählen, sie denselbigen nicht milder, nicht liebreicher, nicht gütiger hätten wünschen, auch nichts finden können, so an dessen Milde verbesseret, oder derselbiger mochte zugesetzet werden, mit welcher Clement seine Unterthanen ihm verbanden, und wie ein gütiges Gestirn nicht allein die Augen, sondern auch die Herzen an sich gezogen. Bleibt also

unumstößlich wahr, Clement in August hat einen großen Tugendgeist gehabt der mildvoller Barmherzigkeit, welche diesen Fürsten be-
wehret, und seinen Thron befestiget, wovon schon längstens Salomon
gesprochen, Prov. 20: *Misericordia & Veritas custodiunt Regem, & ro-
boratur Clementia Thronus ejus.*

Hier wollte gern ausweichen, und zum letzten Tugendgeist
schreiten, wo mich nicht die unbeschreibliche Milde unsers gnädigsten Landsvater noch ein wenig thäte zurückhalten, die sich mehrer
gezeiget gegen die Strafmäßige. Zeit seiner glorreicher Regierung
hatte zwarn die Gerechtigkeit ihren Lauf, doch aber die Milde den
Vorzug, und wollte Clement insgemein mehr geliebet, dann gefürch-
tet seyn, mehr konnte er verzeyhen, dann die Boshafte verwirken:
keine größere Freud hatte Clement, als andern ihre Traurigkeit zu
stürzen, und die den Tod verdienet, durch die Gnad wiederum lebendig zu machen; neulich hat sichs lebhaft zuletzt gezeiget zu Coblenz
in der Churtrierierischen Residenz Ehrenbreitstein, als er bey anhal-
tender Krankheit von Ihro Churfürstl. Gnaden zu Trier einen Mißthä-
tigen das Leben erbetten, wo er sein unschuldiges hat lassen müssen.
Seinem liebvollen Herzen wäre eigen, was Tertullianus sagt: *maluit
suffundere Hominis Sanguinem, quam effundere*[32] – Lieber wollte er
Blut in die Wangen zwingen, als aus den Adern erpressen. Recht nach
dem alten Bäyrischen Löwengeist, der sein Herz beherrschte, und
kann man ihm und seiner Milde die Unterschrift machen, welche der
Symbolist dem Löwen, welcher vor ihm einen Haasen liegen hat, und
ihn unbeschädiget laufen lasset. *Sine strage vincit.* – Seine Milde liebreich siegt, weil Clement im Blut nicht kriegt.

Er wußte wohl, was Seneca ein Heid gesprochen, Lib. 1 de
Clem., Cap.3: *Nullum Clementia magis ex omnibus quam regem aut
Principem decet, nam pestifera res est valere ad nocendum.* – Keinem

---

[32] Apolog., 4.

unter allen geziemet besser die Milde als einem Fürsten, anerwogen eine giftige Sach ist nur Gewalt brauchen um zu schaden. Denen, so die Gerechtigkeit von der Schärfe loben, ware oft solche

< >

Milde ein spitziger Dorn, an welchem sich ihr Urtheil gestochen, allein die Liebe mußte alle Gesetz versussen, und zur Handhabung der Rechten das Schwert mit Honig bestrichen seyn. Ach, daß die Welt mit keinem, dann solchen Fürsten besetzet wäre, so wäre auch die Grausamkeit ein unbekanntes Wort, und die allzu große Schärfe wie ein falsche Münz, so sich selber verbietet.

Ich verlasse den großen Tugendgeist der mildvoller Barmherzigkeit Clementis in Augusto, und ergreife den letzten Augusti in Clemente, nämlich seine Groß- und Starkmüthigkeit. Die Groß- und Starkmüthigkeit eines Fürstens bestehet unter andern hierinn, daß er in den widrigen Zufällen ihm allzeit derjenige bleibe, nicht anderst, als die Sonn unveränderlich in ihrem Lauf. Was Stärke, was Großmüthigkeit mußte nicht im Gemüth August seyn, welche der Dampf des schädlichen Kriegsfeuers nicht darnieder biegen noch ersticken konnte: sage des Kriegsfeurs, welches dermahlen in seinen lieben Bischthümer grausam wütet: des Kriegsfeuers, welches auch Männer unter den Panzer schrecket, welchem aber August in Clement ein Gemüth entgegen gesetzet, so gleich der Erdenkugel unbeweglich, gleich denen Felsen in dem Sturmgewitter unzerstöhrlich, gleich dem Diamant unzerbrechlich. Und ist mir die Großmuth Aenea in der Trojanischen Flucht nicht so fremd, das unverzehrte Herz des Germanici auf den Feuerkohlen nicht so seltsam, als ein Fürst, dessen Ruhestand noch Feuer noch Schwert stöhren können. Was bey so betrübten bittersten Zufällen ihm sein Herz gedruckt, ware die äusserste Noth seiner herzliebster Unterthanen, welche das grausame unbarmherzige Kriegsfeuer so erbermlich verzehret: übrigens was seine hohe Person betrafe, mochte ich wohl sagen können, daß der längere Anhalt widrigen Zufällen ihm nur ein freyeres Gemüth gemacht, wie die Glocke auf dem Thurn, welche, wie mehr sie von ihrer eigener Zungen gerühret wird, desto heller klinget. Ich weis mich noch zu erinnern eines Tags, an welchem Weyland unser großmüthiger Landsvater mit David gesprochen: *in Domino confido*, Ps. 11 – Es gehe wie es wolle, ich vertraue auf Gott. Ja freylich seine Gedanken waren nach Gott, seine Verträstung um Gott, seine alleinige Zuflucht zu Gott, dessen Wille ware die Richtschnur seiner Werken, und kann die Zung der Magnetader nicht also ihren Polarstern suchen, wie August gesucht sich nach Gott zu richten: und keiner hat also das Gift verabscheuen können, wie bey dermahlen betrübtesten Umständen unser großmüthiger Landsvater den mindesten Ungehorsam gegen Gott. Daß man ihm und seinem großmüthigen Herzen mit Recht beylegen könne, was die heilige Schrift verzeichnet 2. Reg. 17. Cap.: *Cujus Cor est quam Leonis* – in der Starkmüthigkeit hat er ein Herz wie ein Löw gehabt. Wer wills mir absprechen? niemand, oder das Gehirn mußte ihm im Kopf verrückt seyn, gestalten, wer in allen so wohl Glücks- als Unglücksfällen allzeit derselbe bleibet, stellet eine Löwen vor, der in seinem Sinnbild führet: *ad nullius pavebit occursum*[33] – keinen Anfall fürchtet er.

Solchen großmüthigen Löwengeist hatte Otto[34] der Kaiser, wie Cornelius Tacitus bezeuget, der nicht allein mit unerschrockenem Gemüth den Verlust seines Reiches angesehen, sondern auch die häufig fliessende Zähren seiner Unterthanen zu stillen gesucht. Mit gleichem großmüthigen Löwengeist hat unser von dem Durchlauchtigsten Löwenhaus Bayern abstammender Fürst {der in seinen Werken

---

[33] Prov., 30, 30.

[34] Marcus Salvius Otho (* 32 † 16. April 69 in Brixellum) war vom 15. Januar 69 bis zu seinem Tod drei Monate später römischer Kaiser. Er war einer der vier Kaiser des Vierkaiserjahres.

wie ein Löw gewesen, *similis factu est Leoni in operibus suis*, 1. Machab. 3} das Unheil seiner Bischthümer angesehen. *Ad nullius pavebit occursum*. August deren Trübsal scherzt, Ihm nur fremdes Unglück schmerzt.

Hat auch, so viel seinem liebevollen Herzen möglich ware, die gleichsam blutig fliessenden Zähren seiner anvertrauten Schäflein abzuwischcn gesucht. Uebrigens kann ich ihm, was seine eigene Person betrift, sagen die Wort Salomons Prov. 28: *Justus autem quasi Leo confidens absque terrore erit* – Der Gerechte wird vertrauen wie ein Löw, er wird ohne Furcht seyn. Diesen großmüthigen Löwengeist hat August in Clement unveränderlich beherrschet: keinen solchen Stand hat der Stahl im Feuer, der Stein im Wasser, wie er gehabt in seiner Starkmüthigkeit. Heißt das nicht *multiplex Spiritus*, Augustus in Clemens, und Clemens in Augusto hat einen vielfältigen Tugendgeist gehabt, welcher ihn in seinem glorreichen Leben beseelet.

Dieser große Tugendgeist machte uns hoffen, daß er über ein Jahrhundert leben sollte, allein unser Unglück hat uns die Hoffnung umgestoßen, da unserm allergnädigsten Landsvater unverhoffter zu Coblenz in dem Schloß Ehrenbreitstein in hohen Beysein Seiner hochbestürzter Churfürstlichen Gnaden von Trier die Kürze einer schmerzlichen Krankheit ergriffen, die ihm desto empfindlicher, wie heftiger seine Begierd die Durchlauchtigste Blutsfreund in dein Stammhaus Bayern noch einmal zu umhalsen: und wie durchdringender das Leidwesen seine Schäflein zu

< >

verlassen, welche seine väterliche Liebe als Kinder gehalten. Weil er aber mit grosssem Geist sein letztes End angesehen, *spiritu magno vidit ultima*, Eccles. 48, hat er sich großmüthig dem Willen seines göttlichen Oberhirtens vollkommen ergeben, mit weh- und reumüthigem Herzen die heiligste Sacramenten empfangen: und wie man sagt, wie gelebt, so gestorben, hat unser im Leben großmüthiger

Landsvater auch zuletzt ein großes liebvolles Vaterstück der Welt zum ewigen Andenken hinterlassen, weil er sein liebstes in höchstes Leidwesen gestürztes Erzstift Cölln zum völligen Erben aller seiner fürstlicher Hinterlassenschaften gemacht, welches ein so ausserordentliches großmüthiges Vaterstück, so verdienet im Marmor mit goldnen Buchstaben eingegraben, und der Nachwelt zum ewigen Andenken vorgestellt zu werden. Worauf er dann in die letzten Zügen gegriffen, und seinen großmüthigen glückseligen Geist unter dem eifrigsten Gebeth deren um ihn stehenden Geistlichen seinem Erschaffer übergeben. Dieses weiß wohl, sind lauter herzbrechende Wort, und gleichsam erschreckliche einschlagende Donnerkeil, welche die mehreste wohlmeynende Herzer für Wehmuth zerschmettern, seufzende: Ach Augustus der große Clemens der Gnädige ist dem Herrn gottselig entschlafen: sein Leben war unser Leben, sein Tod ist unser Elend! Freylich unser Elend, in welches uns gestürzet unser vielfältiges Verbrechen, zur Abstrafung unserer vielfältigen Sünden hat der erzürnte Himmel die harteste Zuchtgeissel ergriffen, und uns unsern allerliebsten und gnädigsten Fürsten im Zorn entzogen. *Auferam Regem in Indignatione mea,* Osea 13. Und müßte ja wohl einer stockblind seyn, der bey Betrachtung dieser harten Zuchtgeissel, die uns allen so schwer auf den Rucken fallet, nicht erkennen sollte, daß eine so entsetzliche Straf vielmehr den sündigen Unterthanen zugedacht, als dem frommen gottesfürchtigen lieben Clemens August der wegen seinem vielfältigen Erzbischöflichen und Hochfürstlichen Tugendgeist seiner ewigen Seligkeit so feste Hoffnungsgründe hinterlassen hat, daß er sich dermahlen bey demjenigen finde, welcher ihm, wie einem Abraham zugesprochen Gen.15. *Ero Merces tua magna nimis* – ich werde dir ein sehr großer Lohn seyn. Sollte er aber wider alles Vermuthen nach denen unerforschlichen Urtheilen Gottes noch etwas abzuzahlen haben, so gehet meine demüthige Bitt zu allen, unserm gottselig gestorbenen gnädigsten Landsvater die vielleicht noch

benöthigte Beysteur eines eifrigen kindlichen Gebeths noch ferner zu
schenken. Er hat von uns wohl verdienet, daß wir eben um ihn so
gesinnet seyen, gleichwie Ambrosius geglaubet, daß seine Schuldigkeit gegen den verstorbenen Kaiser Theodosius von ihm erfoderte.
Gleiche Ursach haben wir mit diesem heiligen Vater auszurufen, *dilexi, & ideo prosequor eum usque ad Regionem Vivorum.* Wir haben den
Schatz unsers Tugendvollen und getreuesten Landsvater in das sieben
und dreyssigste Jahr genossen, und in dieser Zeit ihn innigst geliebt,
und eben deswegen wollen wir ihn auch mit unserm erkänntlichen
Gebeth bis zum Ort des ewigen Lebens begleiten, und nie aufhören
den grundgütigen Gott flehentlich zu bitten, gleichwie alle Priester-
schaft am Altar schon lang gebeten hat.

*Prosit, Domine Animae Famuli tui CLEMENTIS AUGUSTI Pon-
tificis Misericordiae tuae implorata clementia, ut ejus, in quo speravit et
credidit, aeternum capiat, te miserante consortium.*

Lasse, o Herr! die Seel deines Dieners Clementis Augusti Erzbischofen die von uns ersuchte Milde deiner Barmherzigkeit angedeyhen, auf daß sie dessen ewige Gemeinschaft, an welchen sie ge-
glaubt und vertrauet, durch deine Erbarmniß zu erlangen gewürdigt
werde.

AMEN.

1761 März 31 Beisetzung des Clemens August in Köln[35]

Vorspruch.

Dilectus DEO & hominibus, cujus memoria in benedictione est.

Ecclesiastici Cap. 45, v.1

Er war beliebt bey Gott und den Menschen, seine Gedächtnüs ist in Bewunderung.

< >

Ordnung[36], Wie der entseelter Leichnam Weyland S[eine]r
Churfürstl[ichen] Durchl[aucht] zu Cölln Höchstsel[igen] And[enkens]
aus der Residenz-Stadt Bonn zu Wasser nach Cölln

und alldorten von dem Rhein-Ufer an der Salzgassen bis in die
hohe Domkirch gebracht werden solle.

Demnach es dem allmächtigen GOtt gefallen hat, Weyland
den Hochwürdigst-Durchlauchtigsten Fürsten und Herrn, Herrn Clementen Augusten, Erzbischoffen zu Cölln, des Heiligen Römischen
Reiches durch Italien Erzcanzlern und Churfürsten, gebohrnen Legaten des heiligen Apostolischen Stuhls zu Rom, Administratorn des
Hochmeisterthums in Preußen, Meistern Deutschen Ordens in
Deutsch- und Welschen Landen, Bischofen zu Hildesheim, Paderborn,

---

[35] Fundstellen: (Isfording, 1761) bei books.google.com.
[36] Diese Ordnung auch in (Lucianus, 1761), bei books.google.com.

Münster und Osnabrück, in Ob- und Niedern Bayern, auch der Obern
Pfalz, in Westphalen, und zu Engeren Herzogen, Pfalzgrafen beym
Rhein, Landgrafen zu Leuchtenberg, Burggrafen zu Stromberg, Grafen zu Pyrmont, Herrn zu Bokelohe, Werth, Freudenthal und Eulenberg etc. etc. den 6ten des Monats Februarii dieses laufenden 1761sten
Jahres, gegen 5 Uhr Abends, nachdem Höchstderselbe dem Ertz-Stifft
und Churfürstenthum 37 Jahr, 5 Monate und 24 Tage Glorwürdigst
vorgestanden, in dem 61stenb Jahre Höchstseines erlauchten Alters
aus diesem vergänglichen Leben verhoffentlich in sein himmlisches
Reich abzuberufen, und dann ein dermahlen Hochwürdigst-Regieren-
des Dom-Capitel, wie auch die von Weyland Höchstgemeldter Seiner
Churfürstlichen Durchlaucht gnädigst ernennte Herren Testamenta-
rische Executoren den Entschluß dahin genommen, den verblichenen
Leichnam am 31sten laufenden Monats Merz aus Dero Residenz Bonn
zu Wasser nacher Cölln in die Hohe Dom-Kirchen bringen, und alldorten folgenden tags beerdigen zu lassen, und sothane Churfürstl.
Leich geziemend abgeführt, eingehohlet und begleitet haben und wissen wollen:

als[o] ist zu jedermänniglichen Nachachtung und Wissen-
schaft folgende Ordnung eingerichtet worden.

Zu Bonn.

Den 31. Morgens um 5 Uhr versammlen sich die zu diesem
Leichen-Conduct hierunter Benennte in der Churfürstl. Residenz, und
so bald die völlige Veranstaltung zum würckl. Abmarsch beschehen,
gehet man in folgender Ordnung durch die Stocken-Strassen, über
den Markt, durch die Wenzelgassen und Josephstrassen nach der
Rhein-Schiffbrücken zu.

{NB. Alle Gassen werden mit doppelten Reihen von hiesiger
Garnison und Bürgerschaft besetzet.}

89

1stens: Sollen zwey schwarz gekleidete Männer ohne Mäntel mit Wachsfackeln vorausgehen; worauf dann folget:

2tens: Die Bürgerschaft in schwarzer Kleidung mit ihrer schwarzen Traur-Fahn, und stillem schwarz überzogenen Trommelspiel. Die Ober- und Unter-Officiers tragen ihr mit schwarzem Flohr umwundene Spontons[37], dann die einzelne Bürger ihre unter dem linken Arm unter sich gekehrte Mousquetten; jene aber, so Picken tragen, ihre auch mit schwarzem Flohr umwundene Picken. Denen folget eine Compagnie des Churfürstl. Leib-Regiments.

3tens: Alle Schulkinder mit einer Traur-Fahnen, so durch einen schwarz gekleideten Mann vorgetragen, und durch zwey Schulkinder in schwarzen Mänteln mit Wachs-Fackeln begleitet wird.

4tens: Zwey Studenten mit Wachs-Fackeln.

5tens: Alle übrigen Studenten[38] vom Gymnasio deren P[atres] Soc[ietatis] Jesu[39] mit vorhergehende Traur-Fahn, so durch einen Studenten in schwarzem Mantel getragen wird.

6tens: Die neun Bruderschaften in ihrer Ordnung mit ihren vortragenden von schwarzem Flohr umwundenen Creutzern, so zwey Brüder aus jeder Bruderschaft mit Wachs-Fackeln begleiten.

7tens: die P[atres] Serviten, PP. Capucinen, PP. Observanten, PP. Conventualen, alle mit ihr vortragenden Closter-Creutzern, so

---

[37] = Eine Halbpike nach Art der Hellebarde, wurde bis zu Anfang des 19. Jahrhunderts von den Offizieren der Infanterie neben dem Degen als Paradewaffe geführt.

[38] Gemeint sind Schüler; die Akademie bzw. Universität wurde erst in den 1780er Jahren von Clemens Augusts Nachfolgern gegründet.

[39] Das 1626 gegründete Minoritengymnasium wurde 1673 von den Jesuiten übernommen; 1736 zog die Schule in ein neuerrichtetes Gebäude in der Bonngasse gegenüber der Jesuitenkirche (heute Namen-Jesu-Kirche). Zwischen 1773 und 1814 wurde der Jesuitenorden vom Papst verboten.

ebenfalls mit Flohr umwunden, und von zwey Ordens-Brüdern mit Fackeln begleitet werden.

8tens: Alle Churfürstl. Livrée-Bedienten.

9tens: Ein Chor Trompetter und Paucker *à la Sourdine* [= gedämpft, leise].

10tens: Der Stadt-Meyer und Vogt mit verkehrten Amtsstäben.

11tens: Aller hiesigen Stadt-Pfarren Creutzer mit Flohr umwunden, denen die *Pastores* mit ihren *Sacellanis* [= Kapläne] und *Chori-Sociis* nachfolgen.

12tens: Die *Vicarii, Canonici* und Dechant hiesigen Archi-Diaconal-Stifts-Kirchen *S[anctorum] Cassii* und *Florentii* mit vorhergehenden und mit schwarzem Flohr umwundenen Stifts-Creutz, so durch einen Stifts-Choralen im Chor-Rock vorgetragen, und durch zwey andere dergleichen Choralen mit Wachs-Fackeln begleitet wird.

13tens: Der Hof-Fourier mit denen zwey Ritter-Portierern, so die lange schwarze Stäbe in den Händen tragen.

14tens: Das Hof-Capellen-Chor-Creutz mit Flohr bedecket, und von einem Choralen zwischen zweyen andern mit Wachs-Fackeln versehenen Choralen getragen.

15tens: Die Churfürstliche Vocal-*Musici* und Hof-*Sacellani* mit brennenden Lichtern.

16tens: Die zwey Mazzaires mit umgewendten Traur-Mazzen, in deren Mitte der Cammer-Fourier gehet.

17tens: Der Churfürstl. Obrist-Marschall, Ober-Kuchelmeister und Ober-Silber-Cämmerer, mit umgewendeten Amts-Stäben.

18tens: Die Chur- und Hochfürstl. *Insignia* auf denen schwarz-sammeten Küssen von Churfürstl. Cämmerern, jene aber von dem hohen Deutschen Orden durch zwey Ordens-Rittern getragen.

19tens: Das Erzbischöfliche Creutz von dem jüngsten *Sacellano*, in einer schwarzen *Dalmatica* getragen..

20tens: Der ältester Hof-Capellan in schwarzem *Pluviali* samt dem *Diacono* in schwarzen *Dalmatica* und *Ceremonario* in weissem Chor-Röckel mit brennenden Lichtern.

21tens: Ein Hof-*Sacellanus* in weissem Chor-Röckel mit dem umgewendeten und mit Flohr bedeckten Erzbischöflichen Staab.

22tens: Die Churfürstl. Leiche von zweyen Priestern eines jeden Ordens-Closters getragen, und von beyderseithigen Leib-Garden umgeben. Die 4. älteste Cämmerer tragen die 4 Quasten der schwarzsammeten Decken, und 8 derenselben den großen Baldachin. Zwölf Edel-Knaben leuchten mit weissen Wachs-Facklen vor, und am Haupt der Leichen gehet rechter Hand der Churfürstl. Obrist-Stallmeister und linker Hand die Officiers deren beyderseithigen Churfürstl. Leib-Gardes. Hierauf folgen die SS. TT.[40] Herren *Executores Testamentarii* in langen Schleif-Mänteln. Anwesende Land-Commandeurs, Commandeurs eines hohen Deutschen Ordens in ihren weissen Ordens-Mänteln, und *Capitulares Deputati* sämtlicher Hochstiftern, und letztens der Churfürstl. Obrist-Cämmerer als erster Hof- und Cammer-Kläger in langen Schleif-Mänteln. Die Churfürstl. Ministern und übrige Hofstaat aber nach ihrem hergebrachten Rang in schwarzen bis auf die Fußsohlen gehenden Mänteln mit fliegendem Flohr; und letztlich schliesset die Churfürstl. Leib-Compagnie mit stillem Spiel.

Sobald man bey dem Rhein-Ufer angelangt, gehen die paradirende Bürgerschaft, die Schulkinder, Studenten, Bruderschaften, und der *Clerus Regularis* und *Saecularis* längs den Rhein gegen Wichelshofen, und bleiben alldorten unter fortsetzenden Traur-Gesängern bis

---

[40] = serenissimi tituli

zur völligen Abfahrt der Churfürstl. Leichen stehen, und gehen demnächst durch die untere Fahrgaß zu dem Cölln-Thor zu.

Die Churfürstl. Livrée, Trompetter, Paucker, beyderseithige Leib-Gardes und der Hof-*Clerus* verfügen sich mit der Churfürstl. Leiche auf die zu diesem End zugerichtete Rhein-Schiffbrücken, und bleiben alldorten.

Die Leich wird auf das zubereitete Gerüst gestellet, und von anwesenden Geistlichen währendem Marche gesungen und gebetten, dann von denen Paucker und Trompetter *à la sourdine* musicirt werden.

Die SS. TT. Herren *Executores Testamentarii*, Land-Commandeurs und Commandeurs des hohen deutschen Ordens, dann *Deputati* deren Hochstiftern, Churfürstl. Ministern, adliche geheime Räthe und Cämmerer verfügen sich in die Churfürstl. Schwarz-bekleidete Yacht.

Die Churfürstl. Cämmerer, so zu Tragung deren Traur-Standarten und Fahnen zu Cölln benannt, in die kleine Yacht sub N. 3.

Die gelehrte geheime und geistlich Conferenz-Räth, in die Yacht sub N. 4.

Die Churfürstl. Hofräth und Truchsessen in jene sub N. 5.

Die Churfürstl. Hof-Cammer-Räth, Kriegs- und übrige Räth in jene sub N. 6.

Die Churfürstl. Edelknaben, und jene, so zu ihnen gehören, in die Yacht sub N. 7.

Die Erzstift-Städtische Deputirte in jene sub N. 8.

Die Churfürstl. Cammerdiener, Hof- und Cammer-*Secretarii*, geheimen Canzley-Verwandten und Cammer-Portier in jene sub N. 9.

Alle Canzley-Verwandte der Hof- und Cammer-Canzleyen, und übrige Hof-Unter-Officiers bis auf die Ritter-Portierer inclusive in jene sub N. 10.

Und die übrige Hof-Bedienten in jene sub N. 11.

Die Instrumental-Musicanten in jene sub N. 12.

Und letztlich die Churfürstl. Leib-Compagnie in das Schiff sub N. 13.

So bald nun alle vorbenennte Personen eingeschiffet, wird durch die auf der Rheinbrücken befindliche kleine Canons das Zeichen zum Abmarsch gegeben. Dem dann die kleine Stück auf der Churfürstl. Yacht, Rheinmüllen, dann das grobe Geschütz von denen Stadtwällen antworten, und solches zu denen übrigen zweyen Salven wiederhohlen.

Die Stadt-Kirchen-Glocken fangen auf das durch das Hof-Capellen-Geläut gegebenes Signal zu läuten an, und fahren damit fort, bis man mit dem Schiessen aufhöret.

Der Marche zu Wasser geschiehet aber folgender Gestalt:

Primo: Das Schiff sub N. 1 mit einem Detachement des Churfürstl. Leib-Regiments.

2do: Die Rhein-Schiffbrücken mit der Churfürstl. Leichen.

3tio: Die Churfürstl. Yacht.

4to: Die Yacht deren Churfürstl. Cämmerern sub N. 3, diewelche bey Rodenkirchen vorausgehen muß, um die Klag-Standarten, Fahne und Traur-Pferd bey Zeiten zum Rhein-Ufer führen zu können.

5to: Linker Hand derselben die Yacht sub N. 4.

6to: Die Yachten sub N. 5 Rechts, und jene sub N. 6 linker Hand.

7mo: Die Yacht sub N. 7 rechter, und jene sub N. 8 linker Hand.

8vo: Die Yacht sub N. 9 rechter, und jene sub N. 10 linker Hand.

9no: Das Schiff sub N. 11 und 12.

Und letztlich jenes sub N. 13 mit der Churfürstl. Leib-Compagnie.

NB. Die Wachsfacklen sind bey der Churfürstl. Silber-Cammer vorigen Tags zu gesinnen.

< >

Ordnung, So bey Einhohlung der Churfürstl. Leichen zu Cölln an dem Rhein gehalten werden solle.

§ 1.

So bald durch den ersten Canonschuß von der Bönnischen Schifbrücke das Zeichen gegeben, daß man der Stadt Cölln zunähere, gehet der in der hohen Dom-Kirch versammleter beyderseitiger Clerus zu dem so genannten Findlingsthor hinaus, und nehmen ihren Weeg durch die Haagdpforten, unter Helmschläger, Taschenmacher, über den alten Mark[t] und Heumark[t] zur Markmannsgassen-Pforten zu in folgender Ordnung:

1tens: Die zwey jüngere Dom-Ruthenträgere, oder so genannte *Usserii* [?].

2tens: Die zwey und dreyßig schwarz gekleydete Männer mit denen Tortschen und denen zwey und dreyßig Agnaten-Wappen Weyland Sr. Churfürstl. Durchlaucht, die Väterliche rechter und die Mütterliche linker Hand.

3tens: Hierauf folgen die PP. Capucinern, Recollecten, Augustinern, Carmelitern, Minoriten, Predigern, die Abteyen Deutz, groß St. Martin und St. Pantaleon in Cölln. Deren Creutzer alle mit Flohr umwunden.

NB. Auf dem Heumarkt stossen hiebey die Herren Kavaliers mit denen Klagfahnen, Standarten und Traurpferden.

4tens: Alle Creutzer deren Stadt-Cöllnischen Pfarrkirchen mit angehengtem schwarzen Flohr, dann die *chori-socii*, *Sacellani* und *Pastores*.

5tens: Deren gesamten Collegiat-Kirchen und des hohen Domstifts-Creutzern, ebenfalls mit Flohr umwunden, ohne Schuljungen jedoch.

6tens: Die Stifter: *S. Georgii*, *S. Mariae in Gradibus*, *Ss. Apostolorum*, *S. Andreae*, *S. Cuniberti*, *S. Severini*, *S. Gereonis*, dann das Hochw. Erz- und Domstift.

7tens: Die infulirte Aebte von Knechtsteden, Steinfeld, Altenkamp, Altenberg, Deutz, Brauweiler, groß St. Martin und St. Panthaleon. Alle in schwarzen Chorkappen und weissen Infulen, ohne Stab jedoch.

8tens: Ihro Hochwürden Herr Weihbischof.

9tens: Folgen 4. Hof-Laquayen, 2 Hayducken, 2 Ritter-Portier mit schwarzen Stäben. Der Hof-Fourier. Zwey Churfürstliche Truchsessen. Der Erb-Thorwarter mit dem Ehrenwappen. Freyherr von Spies, Churfürstl. Cämmerer, Namens des abwesenden Herrn Erb-Cämmerern mit dem Churhuth. Freyherr von Lützenroth, Churfürstl. Cämmerer, Namens des abwesenden Herrn Erbschenks mit der Erzbischöflichen Inful. Herr Erb-Marschall Graf von Salm mit dem Schwert. Herr Erb-Hofmeister Graf von Manderscheid mit dem Bischofsstaab.

Zu beyden Seiten deren Erb-Aemtern gehen 6 Churfürstl. Trabanten und Hatschierer, und werden die Mäntel-Schleif durch 2 Churfürstl. Hof-Laquayen getragen.

NB. Von N. 7 bis 9 gehen zu beyden Seiten die vier und zwanzig schwarz gekleidete Männer mit dem St. Peters Wappen, dann die Schreybrüder.

§ 2.

So bald man nun in solcher Ordnung an die Salzgassen-Pfort ausser der Stadt Cölln am Rhein ankommen, sollen sich obgemelte *Usserii* das Rheinufer hinab bis an die Müllengaß-Pfort begeben, und alldorten mit der Clerisey in Ordnung stellen, und demnach dann die Churfürstl. Leiche von denen Salzmöddern auf das Rheinufer gebracht, und von S. T. Herrn Weihbischofen die in *Rituali Romano Tit. de Exequiis § Parochus vero* vollendet, solle der Leich-Conduct durch die Müllengaß-Pfort in die Stadt, durch die Neugaß, unter Helmschlager, längs die Haagpfort über den Hof und Hoheschmiedt, durch die Pfaffenpfort die Trankgaß hinab bis gegen den Cöllnischen Hof, folgend über die Litsch, und Domkloster langs die hohe Schule, auf den Domhof rechter Hand das Caffeehaus vorbey, gegen die Haag, dem Officialatgericht vorbey zum Findlingsthor in den hohen Dom folgender Gestalt hineingehen:

1tens: Eine Compagnie Bürgerschaft, so von der Müllengaß-Pfort bis in die Neugaß sich vorhin gestellt.

2. Das Detachement der Churfürstl. Leib-Compagnie mit verkehrtem Gewehr und stillem Spiel.

3. Die zwey jüngste *Usserii* oder Dom-Ruthenträgere.

4. Die zwey und dreyßig schwarz gekleidete Männer mit denen Tortschen und Agnaten-Wapen.

5. *Clerus regularis*, als PP. Capucinern, Recollecten, Augustinern, Carmeliten, Minoriten, Predigern, dann die Abteyen Deutz, St. Martin und Panthaleon in Cölln.

6. Diesen folgen alle Churfürstliche Livrée-Bediente.

7. Der Vestisch-, Westphälisch- und Rheinischen Städten Deputirte zwey und zwey zusammen.

< >

8. Die Westphälische gelehrte Räthe.

9. Die Vestisch-, Westphälisch- und Rheinische Ritterschaft, so keine Dröste noch Räthe sind.

10. Die zwey Churfürstliche Couriers mit ihren schwarzen Stäben.

11. Der erste Chor-Trompetter und Paucker.

12. Der Churfürstliche Bereiter.

13. Die erste Standart mit dem Churfürstlichen *Symbolo*: PIE-TATE ET MAGNANIMITATE, durch eine Churfürstl. Cämmerer getragen.

Erstes Traurpferd mit selbigem *Symbolo*.

14. Zweyte Standart mit dem Wappen des Hochadlichen Ritter-Ordens von St. Michael.

Zweytes Traurpferd mit eben diesem Wappen.

15. Dritte Standart mit dem Wappen von der Landgrafschaft Leuchtenberg.

Drittes Traurpferd mit eben diesem Wappen.

16. Vierte Standart mit dem Wappen des Hochstifts Osnabrück.

Viertes Traurpferd mit eben diesem Wappen.

17. Fünfte Standart mit dem Wappen des Hochstifts Münster.

Fünftes Traurpferd mit eben diesem Wappen.

18. Sechste Standart mit dem Wappen des Hochstifts Paderborn.

Sechstes Traurpferd mit eben diesem Wappen.

19. Siebente Standart mit dem Wappen des Hochstifts Hildesheim.

Siebentes Traurpferd mit eben diesem Wappen.

20. Achte Standart wegen des hohen deutschen Orden mit linker Seits gehenden Ordens-Ritterfahnen, durch zwey Ordens-Rittere getragen.

Achtes Traurpferd mit den diesem Wappen durch zwey Ordens-Rittere geführt.

21. Neunte Standart dem Wappen des Herzogthums Bayern und der Pfalzgrafschaft bey Rhein.

Neuntes Traurpferd mit eben selbigem Wappen.

22. Zehnte Standart mit dem Wappen des Erzstifts Cölln, dann zugehörigen Herzogthümern Westphalen und Enger.

Zehntes Traurpferd mit eben diesem Wappen.

23. Eilfte Standart mit dem völligen Wappen deren Chur- und Fürstenthümern.

Eilftes Traurpferd mit eben diesen Wappen.

24. Die Churfürstliche Klagfahne von schwarzen Taffetas und weissen Creutz.

Das Churfürstliche Leib-Traurpferd bekleidet mit einer schwarz sammeten Decken, worüber das Creutz von silbernen Moire.

{Allinge Standarten werden durch einen Cavalier getragen, und die Pferd durch zwey Cavaliers geführet.}

25. Aller Pfarrkirchen Creutzer mit angehengtem schwarzen Flohr.

26. Die *Chori Socii, Sacellani* und *Pastores*.

27. Der Collegiat-Kirchen und des hohen Domstifts-Creutzer mit Flohr umwunden.

28. Die Collegiat-Stifter in ihrer Ordnung, nemlich *S. Georgii, S. Mariae in Gradibus, Ss. Apostolorum, S. Andreae, S. Cuniberti, S. Severini, S. Gereonis*, und das hohe Erz- und Domstift.

29. Die infulirte Aebte von Knechtsteden, Steinfeld, Altenkamp, Altenberg, Deutz, Brauweiler, groß St. Martin, und St. Panthaleon in ihren schwarzen Pontificalhabiten mit weissen Infulen ohne Stab.

30. S. T. Herr Weihbischof von Sierstorff.

31. Der Zweyte Chor-Trompetter und Paucker.

32. Die Churfürstliche Hof-Musici und Hof-*Sacellani*.

33. Die zwey Mazzarii mit ihren umgewendeten Traurmazzen, in deren Mitte der Cammer-Fourier, denen folgen die Schreybruder zu beyden Seiten bis an die Churfürstliche Leiche.

34. Der Greve mit dein weissen Stab auf der Achsel.

35. Die Erbthorwartere mit dem großen churfürstlichen Wappen.

36. Die Herren Obrist-Hofmarschall, Ober-Kuchelmeister und Ober-Silbercämmerer mit ihren umgewendeten Staabs- und Amts-Stäben.

37. Die Chur- und Hochfürstliche Insignien auf schwarz sammeten Küssen werden getragen, als

1tens: Die St. Michaelis Ordens-Kett und übrige *Insignia* von hochbesagtem Orden durch zwey Ordens-Commandeurs in schwarzen mit dem blauen Ordens-Creutz ausgezierten Traur-Mänteln.

2tens: Der Mantel und das Creutz, dann der Degen und übrige *Insignia* von einem hohen Deutschen Orden von zweyen Ordens-Rittern.

3tens: Der Churhuth mit Zubehör von Herrn Erb-Cämmerer.

4tens Die Erzbischöfliche Inful von Herrn Erbschenk.

5tens: Das mit Flohr überzogene Churfürstl. Schwert von Herrn Erb-Marschallen Grafen von Salm, alleinig.

6tens: Der Erzbischöfliche Staab von Herrn Erb-Hofmeistern Grafen von Blankenheim.

7tens: Das Erzbischöfliche Creutz mit Flohr bedeckt, von einem Domicellaren getragen.

38. Die zwey älteste Hof-*Sacellani*.

39. Die Churfürstliche Leiche, welche von denen Churfürstl. Salzmöddern empfangen, und bis zur Müllengassen-Pforten, von

dorten aus von denen hohen Gerichts-Scheffen bis zur hohen Dom-Kirchen getragen wird.

< >

40. Neben der Leichen gehen 12 Churfürstl. Edelknaben mit weissen Facklen, dann der Churfürstl. Obrist-Stallmeister rechter, und die Capitaines deren Leib-Gardes linker Hand.

41. Ueber die Leich wird der von schwarzem Sammet mit silberner Moire und Hermelinn ausgemachter Baldachin von acht Cämmerer, dann die 4 Quasten des sammeten Leichentuchs von 4 Cämmerern getragen.

42. Auswendig desselben gehen 24 schwarz gekleidete Männer mit denen Tortschen und St. Peters Wappen, dann die Churfürstl. Leib-Gardes, Trabanten und Hatschierer mit verkehrtem Gewehr.

43. Nach der Leichen folgen SS. TT. die Herren *Executores Testamentarii.*

Anwesende Herren Abgesandten fremder Höfen, und *Deputati* eines hohen Deutschen Ordens und deren Hochstiftern.

44. Der Churfürstl. Obrist-Cämmerer

45. Die Churfürstl. Conferenz-Ministern.

46. Die Churfürstl. adliche geheime Räthe.

47. Die Churfürstl. Cämmerer.

48. Die Churfürstl. gelehrte geheime Räthe.

49. Die adliche Hofräthe, so dann bey denen Landtägen aufgeschworne Amtleute und Drösten.

50. Der Churfürstl. Beichtsvater und Hof-Prediger.

51. Die Directores deren Churfürstl. Dicasterien.

52. Würkliche geistliche Conferenz-Räthe.

53. Churfürstl. gelehrte Hofräthe, und welche hierunter ihren Rang haben.

54. Churfürstl. Truchsessen.

55. Churfürstl. Hof-Cammer-Räthe, und welche hierunter gehören.

56. Uebrige Churfürstl. geist- und weltliche Titular-Räthe.

57. Bürgermeister und Rath der Stadt Cölln.

58. Churfürstl. geist- und weltliche Hofgerichtern *Commissarii* und Assessoren.

59. Churfürstl. Cammerdiener, Hof- und Cammer-*Secretarii.*

60. Churfürstl. Flügel-Gerichtern in Cölln Greve und Scheffen.

61. Geheime Hof- und Cammer-Registratoren, Expeditoren und Canzley-Verwandten.

62. Churfürstl. Cammer-Parthey und Haus-Officialen.

63. Geist- und weltlicher Hof- auch hohen und Flügel-Gerichtern Notarien und Procuratorien.

64. Die Churfürstl. Leib-Compagnie.

65. Eine Compagnie der Stadt-Cöllnischen Bürgerschaft, welche den Leich-Conduct schliessen.

Beym Eingehen in die Domkirch wird die Leich durch das sogenannte Findlings-Thor bey St. Anna-Altar vorbey bis an die H[eiligen] 3 Königen {vor welchen man die Leiche, die Füße nach denselben gewendet, neiget} bis zum großen Chor hineingetragen, und daselbst auf das zugerichtete Todtengericht oder *castrum doloris*, das Haupt nach dem hohen Altar gewendet, gesetzet.

[Platzanweisung im Dom]

Der Herr Weihbischof stellet sich unter das *ad cornu Evangelii* im hohen Chor aufgerichtete Baldachin, die anwesende Aebte aber auf die ringsum das *Castrum doloris* gestellte Falsistoria [?].

Die 24 Tortschen und St. Peters-Wappen, wie auch jene, worin die Wappen deren Churfürstl. Ahnen hencken, gehen dem Traurgerüste vorbey, und stellen sich in eine doppelte Reihe ausserhalb des Chors in den mittlern Gang hinter denen schwarz bekleideten Kniebänken.

Vor dem *castro doloris* hauptwärts gegen den hohen Altar zu, stellet sich der Erb-Thorwarter mit den Ehrenwappen. Der Churfürstl. Greve mit dem Richterstande, hinter selbiger der Erb-Hofmeister und Erb-Marschall, an des erstern Seiten aber der Erbschenk, und neben letzterem der Erb-Cämmerer mit denen Churfürstl. Insignien.

Beym Eingang des Chors ohnweit des Gegitters stellen sich die zwey Ma[...], und hinter selbigen der Herr Obrist-Hof-Marschall, Ober-Kuchelmeister und Ober-Silber-Cämmerer mit ihren umgewendeten Amts-Stäben. Hinter diesen aber die Churfürstl. Cämmerer mit denen Standarten in einer Reihen, hinter selbigen aber in der Mitte jener mit einer Haupt-Klagfahne.

Die Scheffen des hohen Gerichts stehen unterhalb der Leichen, und die beiden *Sigilliferi.* Hinter diesen die Salzmödder und Schreybrüder sich in zweyen Zwerg-Linien stellen, diewelche nach geendigtem Gottesdienst sich um die Leich begeben, und alldenen die Nacht hindurch zu verbleiben haben.

Sechs Unter-Officiers beyderseitigen Churfürstl. Leib-Gardes stehen [...][41] das Traurgerüst, und übrige zu beyden Seiten des Chors bis an Unser lieben Frauen und dem Creutz-Altar, und haben die letztere zu besorgen, damit niemand als die zu denen Neben-Chörgen [?] hernach anweisende Personen, so dann die Priester, so folgenden Tags die heilige Meßen lesen, sich hervorbringen möge.

Der *Clerus saecularis* nimmt in dem Chor seinen gewöhnlichen Platz, jedoch dergestalt, daß für die in Functionen bey dem

---

[41] Drei Wörter in der Vorlage unlesbar.

Traurgerüste sich befindenden Personen der nöthiger Raum übrig bleibe.

Der *Clerus regularis* gehet dießmal nicht in das eiserne Gegitter, sondern bleibet *in majori navi* zu beyden Seiten in hergebrachter Ordnung.

Auf dem obern Chor wird *ad latus Evangelii*[42] ein vielfarbiger Baldachin für den Herrn Weihbischofen aufgerichtet, und gerad gegenüber *ad latus epistolae* eine lange Bank mit Küssen für die anwesende Gesandschaften fremder Höfen.

< >

Weiters sich SS. TT. Herrn Executores Testamentarii auf denen Kniebänken *ad latus Evangelii*, und anwesende SS. TT. Herren Land-Commandeurs, Raths-gebietige und Deputirte eines hohen deutschen Ordens, dann SS. TT. Herrn Deputirte deren vier Hochstiftern *ad latus Epistolae*.

Der Churfürstl. Obrist-Cämmerer, als erster Hof- und Cammer-Kläger, stellet sich vor das auf dem untern Staffel des obern Chors befindlichen und mit schwarz bedeckte Kniebänkel. Die Churfürstl. Conferential-Ministern und adliche geheime Räthe in jene wider das obere Gegitter zu beyden Seiten anstoßende Kniebänk, und die Churfürstl. Cämmerer in jene, so wider das Gegitter des untern Chor gestellet, die gelehrte geheime Räthe innerhalb des Gegitter.

Die geistliche Conferential-Räthe, Hoiräthe und Truchsessen stellen sich in die Ueberzwerch-Bänk, so sich wider das Gegitter des hohen Chors *ad latus Evangelii* befinden. Und die Hof-Cammer-Kriegs- und übrige Räthe gerad gegenüber ander Seits *ad latus Epistolae*.

Die Rheinisch-Westphälisch- und Vestische Ritterschaft, wie imgleichen die Westphälische Räthe stellen sich in die drey zur

---

[42] Die Evangelien-Seite, also links; die Epistel-Seite, also rechts.

Evangelii Seiten befindliche Chörgen. Die Städtisch Deputirte aber in jene drey zur Epistel Seiten.

Die Churfürstl. Edelknaben, Cammerdienere, Hof- und Cammer-*Secretarii*, geheime Canzley-Verwandten, und übrige Cammer-Parthey, dann sämmtliche Hofraths- und Cammer-Canzley-Verwandten nehmen ihren Platz in dem Mutter Gottes Chor.

Bürgermeister und Rath sitzen auf denen zwischen dem hohen und U[nser] L[ieben] Frauen Chor zugerichteten und mit schwarz bekleideten Kniebänken.

Zur andern Seite aber in dem wider das untere Chor anstoßenden Gang deren geist- und weltlichen Hof-Gerichtern *Commissarii* und *Assessores*, dann deren Churfürstl. Flügel-Gerichtern Scheffen, und in jenem vor dem Creutz-Altar die übrige Churfürstl. Haus-Officianten, dann deren sämmtliche Churfürstl. Hof-hohen auch Flügel-Gerichtern Notarien und Procuratoren.

Das Hochadliche Frauenzimmer setzet sich in die vor dem Glasfenster des hohen Chor befindliche Kniebänk.

Die Churfürstl. Livrée-Bedienten aber stehen in dem mittlern Gange des Kirchen-Schiffs vor denen Tortschen-Trägern.

So bald nun der entseelter Leichnam auf das zubereitete Gerüst hingestellt, fangen die Todten ..... an, und wann dieselbe geendiget, gehet der völliger Conduct nach der Ordnung, wie er hereinkommen, wieder zur Domkirche hinaus, damit keine Unordnung geschehe.

Folgenden Tags als Mitwochs den 1ten April findet sich Jedermann gegen 8 Uhr Morgens am vorangezeigten Ort und Plätzen der hohen Domkirchen ein, jene Herren Churfürstl. Cämmerer aber, so vorigen Tags die Standarten getragen, stellen sich unter die übrige Cämmerer, weilen die Standarten anheut auf das obere Gegitter aufgehänget; ausser der Haupt-Klagfahn, so der Churfürstl. Cämmerer auf gestrigen Platz haltet.

Bey Anfang des von Herrn Weihbischofen am hohen Chor-Altar celebrirten hohen Seelen-Amts bringt der Erb-Thorwarter das vorgetragene Ehrenwappen, welches zur Epistelseiten auf einem sammeten Küssen hingelegt wird, dann die Herren Erb-Hofmeister, Erb-Marschall, Erbschenk und Erb-Cämmerer die übrige Churfl. Insignien, welche auch auf ein schwarz sammetes Küssen zur *Evangelii* Seiten gelegt werden. Hierauf verfügen sich obgedachte Herren auf ihre vorige Plätz.

Nach dem *Evangelio* des hohe Amts wird der ordinaire Dom-Prediger P[ater] Isperdinck, der Societät JEsu Priestern, die Leich-Predig[43] in deutscher Sprach vor dem hohen Chor-Altar thuen.

Nach vollendetem *Offertorio* führen zwey Churfürstl. Cämmerer mit vorhergehenden Mazzaires und Cammer-Fourieren dem Obrist-Hof-Marschall, Ober-Kuchelmeistern und Ober-Silber-Cämmerern das bey dem Glocken-Thor abgehohltes Haupt-Traur- und Klag-Pferd bis zu dem Antritt des hohen Chors, und nachdem der älterer Cämmerer die Haupt-Klagfahn dem Herrn *Officiatori* überreichet, und nach dem Hand-Kuß obrück empfangen, und sich hinwiederum auf seinen vorigen Platz in das untere hohe Chor begeben, wird sothanes Klag-Pferd zwischen dem hohem und Mutter Gottes Chor zu besagtem Glocken-Thor hinausgeführt.

Diesemnächst werden die SS. TT. Herren *Executores Testamentarii*, dann anwesende Gesandschaften durch vorgehenden Cammer-Fourier und beyde Mazzaires zu Opfer geführt.

Nach vollendetem hohen Amt verrichtet der Herr Weihbischof mit anwesenden Aebten die gewöhnliche und in dem *Rituali Romano* vorgeschriebene *Commendationes*, diesemnächst aber der

---

[43] Text siehe Seite 111 ff.

Pastor zu St. Laurentius in Cölln, R. Schmitz die Danksagung in La-
teinischer Sprach, nach deren Endigung der Churfürstl. Leichnam mit
vorhergehenden Erzbischöflichen Creutz durch die Salzmödder von
dem *castro doloris* abgehoben, und von denen Scheffen des hohen
weltlichen Gerichts mit Beyhülf jetztgedachter Salzmöddern nach
dem vor dem Chor deren heiligen 3 Königen linker Hand zugerichteten Grab getragen, und daselbst in Gegenwart eines Hochwürdigst-
Regierenden Erz- und Domstifts, dann deren sämmtlichen Churfürstl.
Ministern, Cavalieren und Räthen von Herrn Weihbischofen mit Beystand deren mehrgemeldten Aebten, dem Christ-Catholischen Gebrauch nach, eingesegnet wird.

Explication des Plans der hohen Domkirchen zu Cölln

1. Der Haupt-Eingang oder das so genannte Findlings-Thor
2. St. Annä Altar
3. St. Barbarä Altar
4. Der Haupt-Eingang zu dem großen Chor
5. Das castrum doloris
6. Der hohe Chor-Altar
7. Der Baldachin für Herrn Officiatoren
8. Die Kniebank für die Gesandtschaften fremder Höfen
9. Kniebänk für die SS. TT. Herren Executores
10. Kniebänk für die des hohen deutschen Ordens-Glieder, dann Deputirte deren Hochstiftern
11. Kniebänkel für den Churfürstl. Obrist-Cämmerer
12. Kniebänk für die Churfürstl. Conferential-Ministern und adliche geheime Räthe, so wider das Gegitter des obern Chors anstoßen
13. Kniebänk für die Churfürstl. Cämmerer, so wider das Gegitter des untern Chors auswendig anstoßen
14. Kniebänk für die Churfürstl. gelehrte geheime Räthe
15. Die 2 Mazzaires
16. Der Churfürstl. Obrist-Marschall, Ober-Kuchelmeister, und Ober-Silber-Cämmerer mit verkehrten Amts-Stäben
17. Der Herr Erb-Thorwärter mit dem Ehrenwappen, und der Churfürstl. Greve mit dem Staab
18. Die vier Sternger bedeuten die 4 Eck-Altäre, vor welcher anwesende Aebte bey dem Gottesdienst auf ihren Fassistoriis sitzen

19. Die Herren Erb-Hofmeister, Erb-Marschall, Erbschenk, Erb-Cämmerer mit denen Insignien
20. Die Unter-Officiers beyderseitigen Churfürstl. Leib-Gardes
21. Die ordinaire Sitzbänk, worinn sich Dom-Capitularen, Domicellaren und übriger Clerus saecularis stellen
22. Bank für die beyde Sigilliferis
23. Bank für die hohe Gerichts Scheffen
24. Bank für die Churfürstl. Salzmödder und Schreybrüder
25. Bank für die Hochadliche Frauenzimmer ausserhalb dem Portal
26. PP. Capuciner und Observanten
27. Augustiner und Carmeliter
28. Die Churfürstl. Livrée-Bedienten, und hinter denenselben die Tortschen-Träger mit denen Agnaten und St.Peters-Wappen
29. PP. Minoriten und Prediger
30. Die 3 Benedictiner Abteyen
31. Deren geist- und weltlichen Hof-Gerichtern Commissarien und Assessoren, dann deren Churfürstl. Flügel-Gerichtern Scheffen
32. Die Notarien und Procuratoren deren Churfürstl. Hof-hohen auch Flügel-Gerichtern
33. Die Churfürstl. Haus-Officianten
34. Die geistliche Conferential-Räthe, Hofräthe und Truchsessen
35. Die Rheinsch-Westühälisch- und Vestische Ritterschaft, so sonst mit keinem Rang bekleidet, dann die Westphälische Räthe
36. Das Chor deren heiligen 3 Königen
37. Deputirte deren Erzstiftischen Städten

38. Locus Sepulturae Serenissimi

39. Die Zwergbänk für die Churfürstl. Hof-, Cammer- und übrige Räthe

40. Bürgermeister und Rath der Stadt Cölln

41. Die Churfürstl. Edelknaben, Cammerdiener, Hof- und Cammer-Secretarii, geheime Canzley-Verwandten, und übrige Cammer-Parthey, dann sämmtliche Hof-, Raths- und Cammer-Canzley-Verwandten.

Bonn, gedruckt und zu finden bey Ferdinand Rommerskirchen, Churfürstl. Hof-Buchdrucker und Buchführern.

Cölln zu haben bey Wittib Krakamp und Erben Simonis, vornehme Buchhändlern unter fetten Hennen.

1761 März 31 Pater H. Isfording SJ: „Ehren-Denckmahl des Clemens August" in Köln[44]

Unsterbliches EHREN-DENCKMAHL, Des Weyland Hoch-würdigst-Durchlauchtigsten Fürsten und Herrn, Herrn CLEMENTIS AUGUSTI, Ertz-Bischoffen zu Cölln, des Heil. Römischen Reichs durch Italien Ertz-Cantzlern und Churfürsten, gebohrnen Legaten des Heil[igen] Apostolischen Stuhls zu Rom, Administratorn des Hoch-meisterthums in Preußen, Meistern Deutschen Ordens in Deutsch- und Welschen Landen, Bischoffen zu Hildes-heim, Paderborn, Münster und Osnabrück, in Ober- und Nieder-Bayern, auch der Obern-Pfaltz, in Westphalen und zu Engern herzogen, Pfaltz-Grafen bey Rhein, Land-Grafen zu Leuchtenberg, Burg-Grafen zu Stromberg, Grafen zu Pyrmont, Herrn zu Borkelohe, Werth, Freu-denthal und Eulenberg etc. etc. etc. Höchst-Welcher Im Jahre 1761, den 6ten des Monaths Februarii, im sechzig-sten Jahre Höchst-Seines erlauchten Alters, zu Coblenz, in der Chur-Trierischen Residentz Ehrenbreitstein Höchst-Selig dieses Zeitliche verließ, Und darauf den 31ten Mertz Zu Höchst-Deroselben Churfürstlichen und Ertz-Bischöflichen Gruft in Cölln gebracht wurde. Wel-ches auf Gnädige Verordnung Des Hochwürdigsten Met-ropolitan-Capituls bey feyerlicher leichen-Besingung und prächtigsten Traur-Gerüst vorgestellet wurde, Von R[everendissimo] P[atre] Hermanno Isfording,

---

[44] Fundstelle: books.google.com.

Soc[ietatis] Jes[u] Priestern, und Sonntags-Predigern der hiesigen Ertz-Bischöfflichen Hohen Dom-Kirchen. Cölln, in Verlag Franz Balthasar Neuwirth, unter fetten Hennen.

[Erster Theil]

Unsternhafftes Schicksal! Strenge Verhängnüssen! Was lasset ihr uns für Jammer-volle Zeiten erleben? Wie könte unser Thränen-würdiges Unglück wohl höher steigen, wohl tieffer sincken, als da uns der erzürnete Himmel auf einmahl eine doppelte Züchtigungs-Ruthen an den hart getroffenen Rücken legt? Ein schreckhafftes, in angrenzenden Landen zusammen gezogenes Ungewitter drohet unserer Wohlfarth den unvermeidlichen Umsturtz, unserem gantzen Ertz-Stifft viel Noth und Jammer. Die Ober-herrschende Himmels-Macht schlägt ohn vorhergehendes Drohen unvermuthet darein, und setzet uns als verlassene Waisen-Kinder in allgemeinen allertiefsten Traur. A, A! Jetzt muß ich den Grund dieses traurenden Wehmuths aufdecken, solten mir auch darüber die Thränen aus den Augen, das Blut aus dem Hertzen spritzen. Cecidit Corona capitis nostri, Phren. Cap. 5. Es ist gefallen: Harter Fall, wie weh thust du! Es ist gefallen: Schreckbahrer Fall, was machst du viele Hertzen zittern! Es ist gefallen: Unverhoffter entsetzlich schwerer Fall, wie viele Länder hast du nicht im Teutschen Reich erschüttert! Cecidit Corona capitis nostri, Die Cron unseres Haupts, die Freude unsres Hertzens, der würdigste Gegenstand unsrer Liebe, Schätzung und Verehrung ist von dem erhabensten Gipfel irrdischer Hoheit ins finstere Grab, in Staub und Asche verfallen! Nun, sechster Tag des abgewichenen Hornungs, so hast du mit diesem höchst-betrübten Fall dein unseeliges Andencken verewigen wollen? Ach, unglückseeliger Blut- und Mord-Tag! was für einen schreckbahren Unglücks-Stern ließest du uns Abends um 5 Uhr aufgehen, da die Durchlauchtigste Clementinische Sonne sich zum sterblichen Untergang neigte? Du bist selbst Schuld daran, daß deine Traur-volle Gedächtnüs in aller Unterthanen Gemüther mit schwartzen Buchstaben angeschrieben stehet; weil du unsere süsseste Hoffnung und theurestes Leben mit tödtlichem Schauen verhüllest.

Ein geheiligter Trieb bluts-verwandschafftlicher Liebe hatte unsern Durchlauchtigsten Beherrscher zu einer, aus Preiß-würdigsten Absichten

<4>

beliebter Reise bey Höchstem Wohlseyn veranlasset. Nach glücklicher Ankunfft in dem benachbahrten Chur-Trierischen Hofflager zeigen sich gar bald traurige Vorbotten einer unvermutheten Reise in die lange Ewigkeit. Hippocratis und Galeni hochbelobte Kunst bietet alle erdenckliche Mittel auf, dem immer tieffer einbrechenden Uebel Schrancken zu setzen. Aber, leyder, umsonst! Eine kaum vier und zwantzig Stunden hartnäckig anhaltende Schwachheit entziehet uns für ewig – Vordringende Schmertzen, laßt mich reden! Raubet uns mit unersetzlichem Verlust – Bittere Wehmuth, hemme den Lauff meiner Zungen nicht! Entfernet, durch unversehenen Todsfall von Uns den Durchlauchtigsten bey GOTT und den Menschen höchst-beliebten CLEMENS AUGUST.

Schaue, Chur-Cöllnisches Ertz-Stifft, da setzet dich ein unerforschlicher Rathschluß GOttes in den höchstbetrübten Wäisen-Stand. Jener theureste Lands-Vatter liegt da entseelt vor deinen bestürtzeten Augen, unter Dessen huldreichster Regierung du immer so glückseelig gestanden, als Israel unter dem friedsamen Salomonischen Scepter. Gehe nur mit aufmercksamen Gedancken in die sieben und dreyssig Jahre der Ruhmwürdigsten Beherrschung zurück, so wird dir fast bey jedem Tritt ein neues allerherrlichstes Denckmahl,

dort von Mildthätigkeit, hier von AUGUSTI Großmuth in die Augen
fallen. Wie, solte dieses nicht ein starck-reitzender Antrieb seyn, der
entgeisterten Aschen Unseres Theuersten Ober-Hirten das gegenwär-
tige höchst-feyrliche Danck- und Traur-Opffer zu entrichten, bey
welchem die ungeheuchelten Thränen einer halben Teutschen Welt
in Verehrung und Wehmut gleichsam zusammen fließen? Die
Höchst-Churfürstliche Reichs-Stände werden durch den traurigen
Hintritt in ein wahres Beyleyd, in empfindlichste Hertzens-Rührung
gesetzet, weil CLEMENTIS AUGUSTI patriotische fürs gemeine Beste
treueiferige Gesinnung bey Höchst-Denselben in ewig-unauslöschli-
chem Andencken stehet. Das Uralte Durchlauchtigste Stamm- und
Chur-Hauß Bayern überschicket uns zum gegenwärtigen Traur-Ge-
präng viel tausend zärtliche Wehmuths-volle Thränen, weil man heut
die Bayerische Freud und Lust, die Bayerische schönste Zierd und
Herrlichkeit in die finstere Todes-Grufft versencket. Dabey will der
Preiß-würdigste Hohe Teutsche Ritter-Orden mit einem in Blut und
Thränen schwimmenden Hertzen in tieffsten Traur aufwarten, weil
Dessen Höchstes Ober-Haupt durch unvermutheten Tod das Ordens-
Ritterliche Creutz und Schwerdt für ewig abgelegt. Da nun die mann-
liche treue Ritter-Thränen den Grossen Geist CLEMENTIS AUGUSTI
ins Todten-Reich einleiten, so erschallet ein bethränter Traur- und
Jammer-Thon von den vier über Rhein gelegenen Hirten- und Vatter-
losen Hoch-Stifftern. Ach schmertzlicher Verlust! ruffen Sie sich ei-
nander mir bitterlich klagenden Wehmuth zu: Was wird nun aus Uns
werden, da in so betrübten gefährlichen verwirrten Umständen der
Durchlauchtigste Ober-Hirt von Uns weichet? Es ist für uns kein CLE-
MENS AUGUST mehr. Der mit so vielen Infulen gekrönte Bayerische
Löw hat Sich nun für ewig zur Ruhe gelegt: Ach! wer wir dann künftig
für unsere hart angefochtene Wohlfahrt sorgen und wachen, da Uns

ja nichts mehr übrig, als der entseelten Aschen die letzte nasse Zäh-
ren-Pflicht in tieffster Ehrforcht zu entrichten? Dabey

<5>

äussert sich schon in der Nähe eine neue und noch hefftigere
Thränen-Fluth: Die Churfürstliche Residentz, der vorzüglich Leyd-
tragende, in tieffstem Traur erscheinende Hoff-Staat hat Sich vom
6ten Hornung bis auf diesen Augenblick fast Tag und Nacht mit bittersten unaufhörlichen Thränen gespeiset. Hart getroffenes Bonn!
verlassene arme Wäisen-Stadt! O, wie offt schlugest du bey dem ersten Ausbruch der traurigen Nachricht die zitternde Hände über dein
winselendes Haupt zusammen! Wie offt schosse dir das Blut aus dem
tieff-verwundeten Hertzen in die Zähr-fliessende Augen, wann du
hörtest, wie der unerwartete Tod deinen Theuresten Lands-Fürsten,
nach abgezogenen Purpur, die Sterb-Decke angeworffen? Damahls
stiegen dir aus deiner beängstigten Brust jene ächzende Seuffzer:
CLEMENTIS süsse Herrschafft, AUGUSTI güldene Zeiten seynd nun
für ewig von uns abgewichen! In dem höchst-bestürtzeten Hofflager
entstunde ein entsetzliches Heulen und Klagen, als wann der Welt
Untergang schon in der Nähe drohete. Alle Hohe und Niedrige Bediente haben vor dem öffentlich ausgestellten erblasseten Leichnam
so offt, so lang, so bitterlich geweinet, als vorzeiten die Söhne Jacobs
bey dem Sterb-Bett ihres liebreichsten Vatters. Und wer wolte Ihnen,
wer wolte Uns anjetzo das Recht der Thränen absprechen, da wir fast
unendlich mehr in CLEMENS AUGUST verlohren, als was vorzeiten
dem alten Rom in zweyen mildesten Kaysern, Trajanus und Vespasi-
anus, entrissen worden. Diesen hat die traurende Römische Danck-
barkeit in kostbaren Marmel und Ertz viel unverwesentliche Denckmahl errichtet. Ein Gleiches sol heut meine vorhabende Traur- und
Ehren-Red zur unsterblichen Gedächtnüs Unseres Weyland Durchlauchtigsten Lands-Herrn in tieffster Ehrfurcht bewerckstelligen.

Aber woher nehme ich den würdigen anständigen Stoff und Zeug zur Verfertigung der höchstverdienten Ehren-Saul? Alles was Corinthus, Aegypten und Peru mir hierzu an Kostbarkeiten darbietet, ist für CLEMENS AUGUST viel zu schlecht und niederträchtig. Wohl, so wil ich nicht aus Corinthischem Ertz, nicht aus Aegyptischem Marmel, nicht aus Peruanischem Gold und Edelgesteinen, sondern aus lauter ewig-treu-ergebenen Höchst-verpflichteten Danckeiferigsten Hertzen das sittliche unsterbliche Ehren-Denckmahl errichten; an selbiges schreibt wahre ungeschminckte Verehrung meinen erst-angezogenen Vorspruch: *Dilectus DEO & hominibus, cujus memoria in benedictione est*, Eccles. Cap. 5, v. 1.

Hier ruhet ewig in treugesinnten Hertzen der bey GOTT und den Menschen beliebte CLEMENS AUGUST. Sein theurester Nahme, seine Ruhm-würdigste Gedächtnüs wird in ewiger Benedeyung, in unzerstöhrlicher Verherrlichung leben. Und hiemit legt sich auch der gantze Zusammenhang meiner heutigen Traur- und Ehren-Rede in ein begreifliches Licht vor Augen; selbige setzet folgender Vortrag in die ordentliche Abtheilung: Unser Durchlauchtigster Hochwürdigster Ertz-Bischoff md Churfürst *Dilectus DEO*, Beliebt bey GOtt; weil Er als ein wahrer AUGUSTUS allzeit ein Mehrer, ein Beförderer der Göttlichen Ehr, eigener und fremder Tugend gewesen. Der erste Theil setzet es in das gehörige Erklärungs-Licht: *Dilectus hominibus*; Beliebt bey den Menschen; weil Er, als ein wahrer CLEMENS, seine Höchst-beglückte Regierung stets mit großmüthigster, freygebigster, mildreichster Güte und Liebe verherrlichet. Der zweyte Theil beweiset es

<6>

mit unlaugbaren Urkunden. Der Schluß macht sich von selbsten: *Memoria in benedictione*, Seine Ruhm-würdigste Gedächtnüs hat sich mit ewig-gepreißner Unsterblichkeit gekrönet.

1 7 6 1 M ä r z 3 1 P a t e r H . I s f o r d i n g S J :
„ E h r e n - D e n c k m a h l d e s C l e m e n s A u g u s t " i n
K ö l n

Der dienstbare Weyrauch, den man den Schutz-Göttern dieser Erden, nach ihrem Hintritt, in tieffster Ehrfurcht streuet, bestehet nicht in übertriebenen, unredlich ausgekünstelten, falschgeschminckten, sondern in aufrichtigen, aus reinen Quellen hergeleiteten Anpreisungen, jener schönen und Tugend-reichen Großthaten, womit sich der geführte Lebens-Wandel werckthätig ausgeschmückt. Nach diesem vorausgelegtem Grund leuchtet mir gleich Anfangs mit vollem Glantz in die Augen jene allerfürtrefflichste Bayerische Erb-Tugend, so unsern theuresten Ober-Hirten zum vorzüglich-begnädigten Liebling des Allerhöchsten GOttes gemacht: nemlich der Inbrunst-volle Verehrungs-Eiffer der unendlichen Majestät. Eine ausserordentliche dem CLEMENTinischen Hertzen frühzeitig eingeprägte Hochschätzung GOttes und aller Göttlichen Dingen gabe Ihm bis in das 61te Jahr stets das treue unzertrennliche Geleith. Seine lebhaffteste Erkänntnüssen, sein vollkommenst aufgeklärter Begriff von ewigen Warheiten, von den theuresten Glaubens-Geheimnüssen hatten den schönen Grund-Riß gelegt, worauf die brinn-eiferige Gottseeligkeit so viel herrliche Beyspiele der Andacht gebauet. Dem allerheiligsten Altars-Geheimnüs ware Er mit eben so viel starck-entzündeter Innbrunst ergeben, als immer Samuel dem Tabernackel in Silo, und Moyses der Bunds-Laden im Israelitischen Heiligthum. Was Wunder, A! A? wann in Ansehung so heilig-mässiger Eigenschafften der höchste GOtt in seiner vätterlichen Liebe CLEMENTI AUGUSTO einen ausserordentlichen Vorzug eingestanden. *Dilectus Deo*; Der geliebte Aug-Apfel GOttes siehet sich schon im frühen Alter mit lauter ausbündigsten Merckzeichen der unendlich freygebigen Liebe umringet: Im 24ten Jahr hat Ihm die allweise Vorsicht die Churfürstliche Höchste Ehren-Cron an die verherrlichte Stirn gepflantzet. Im 28ten hat Ihm der Höchste Stadthalter CHristi mit eigenen Händen den geheiligten Ertz-Bischöfflichen Purpur unter feyrlicher Salbung angelegt. Darauf muste das Höchstschätzbare Teutsche Ordens-Creutz sich mit seiner stets edel-gesinneten Brust verpaaren; da Ihm der günstige Himmel schon vorhin Vier Bischöffliche Infuln, eine nach der anderen, in den Hertzoglichen Schooß geworffen. *Dilectus DEO*; Den GOtt in den Augen der gantzen Welt mit so überschwencklicher Ehr und Herrlichkeit gekrönet, der muste ja auch nothwendig seyn ein auserwählter Gegenstand seiner zart-geneigten Liebe. Sich derselben von Tag zu Tag würdiger zu machen, o wie treulich, wie standhafftig hat sich unser Durchlauchtigste Beherrscher in dem Dienst des Allerhöchsten Schöpffers beeyffert! Mehrere Stunden wurden täglich dem mündlichen Gebett, der verträulichen Unterhaltung mit GOTT, dem öffentlichen Gottesdienst unverbrüchlich gewidmet. Früher würde das grosse Welt-Meer in seiner Fluth und Ebbe sich stöhren lassen, als daß die einmahl fest-gesetzete Andachts-Ordnung sich zum veränderlichen Wechsel bequemet. Hier muß ich den gantzen Hohen und Niedrigen Hof-Staat zu unverwerfflichen Zeugen nehmen: In dem weitschichtigen Umlauff 37 Jahren hat CLEMENS AUGUST bey noch so starck-angehäufften

<7>

Regierungs-Geschäfften bey einfallenden schweren Leibs-Schwachheiten, selbst auf mühseeligen langwierigen Reisen Tag auf Tag dem unblütigen Altars-Opffer erbäulichst beygewohnet: und in einer geraumen Zeit {schämt euch ins träge Hertz ihr saumseelige Unterchanen} ist der Welt kein Sambstag aufgegangen, an welchem die Ertz-Bischöffliche Andacht nicht mit Anhörung dreyer Meessen den Höchsten GOtt verehret: so gar hatte ein theures feyrliches Gelübd diese dreyfache Verehrung zum ewigen Gesetz gemacht. Warhafftig David und Salomon seynd mit ihren Schlacht- und Brand-Opffern nicht so offt an dem Alt-Testamentischen Altar getretten, als CLEMENS AUGUST das allerheiligste unschuldige Lamm GOttes unter

den Brods- und Weins-Gestalten dem Himmel zum unendlich-wohl-
gefälligen Opffer gebracht. Wil nun die kaltsinnige, gar zu frey und
frech denckende Welt sich wenigst nach dem Tod an der Churfürstlichen Gottesfurcht erbauen, so lege ich davon die schönste Beyspiehle
in kurtzer Verfassung vor Augen: Dort verwechselet der Ertz-Bischoff
seinen Höchsten Hirten-Stab, der Lands-Herr seinen Churfürstlichen
Scepter mit dem andächtigen Pilger-Stab. Drey, vier, ja fünff, und
auch wohl sieben Stund werden zu Fuß, mit freudigem Ungemach, auf
beschwerlichem Weeg zurück gelegt, um den Höchsten GOtt in seinen wunderthätigen Heiligen zu verehren, um über die anvertraute
Länder und Unterthanen des Himmels Schutz und Seegen zu erbitten.
Hier sahe Ihn Rom mit Erstaunen vor den Grab-Stätten der ersten
Aposteln den Staub der Erden küssen: dort bewundert Ihn Loreto und
Alt-Oettingen, wie Er die Ehr eines Marianischen Pfleg-Kinds allen
Hoheiten und Würden der gantzen Welt vorgezogen. Diese und tau-
send andere Preißwürdigste Verrichtungen ächt-bewehrter Gottsee-
ligkeit haben Ihm den unschätzbaren Ehren-Titul erworben: *Dilectus
DEO*; Ein vorzüglich bey GOtt und dem gantzen Himmel beliebter
Printz, den die fürsichtige Liebe GOttes bey androhenden Unglücks-
Fällen allemahl mit ihren nächtigen Schutz-Flügeln bedecket, Dem
der günstige Himmel augenscheinlich beygestanden, da eine widrig-
gesinnete Staats-Klugheit die alte Freyheiten und Vorrechte seinen
untergebenen Bischthümern entreißen wolte, oder wohl gar sklavi-
sche Fesseln für ewig anzuwerffen drohete. Zur Pflicht-eyfferigen Er-
kenntlichkeit, für viele liebreiche Göttliche Vorsorg, wählete Er dann
ein wahrer AUGUSTUS, ein Mehrer, ein Beförderer der Göttlichen
Ehr zu seyn, da Er bey vordaurender Glorwürdigster Regierung zur
Erbauung vieler prächtigen Gottes-Häuser einen unbeschreiblichen
Höchst-getriebenen Aufwand gemacht. Zum Beweiß gibt uns das
Chur-Cöllnische Ertz-Stifft den unterrichtlichen Finger-Zeig auf die

kostbarste neu-erbaute Hof-Capellen, zu Brüel, zu Poppelsdorf, zu
Arensberg, Hirschberg und Tönnesstein, welche alle mit den schönsten Kirchen um den Rang streiten, allwo der angenehme Wett-Streit
zwischen Kunst und Kostbarkeit auf diese Stund noch nicht ausge-
macht. Hier tritt nun der Seraphische Hoch-gepriesene Orden mit
zweyen, zu Bonn und Augustusburg, stattlichst aufgeführten Gottes-
Häusern einher, in welche der auserlesene Geschmack, und erhabene
Bau-Geist AUGUSTI alles mit schweren Kösten eingetragen, was A-
pelles und Phidias bewunderens-würdig erfunden. Nun zeigt der bekannte Creutz-Berg ein geheiligtes Denckmahl AUGUSTI, allwo in
schönster

<8>

Ordnung und Schmuck-reicher Zierde pranget, was immer
ein lüsterndes Auge ersetzen, ein Christlich-gesinntes Hertz erbauen
mag. Grosser Churfürst! hier wird sich doch endlich dein Cronen-
würdiger Eifer für die Göttliche Ehr bescheidene Marck-Steine sitzen
lassen. Nein! ruffen mir die übrige Hoch-Stiffter in freudigem Widerspruch zu: Auch bey uns hat AUGUSTI freygebigste Hand zur Verherrlichung der Göttlichen Ehr viel Grosses gestifftet: worunter dann
den unstreitigen Vorzug verdienet jener allerprächtigste, recht königliche Tempel- und Kloster-Bau, welcher die Münsterische von der
Barmhertzigkeit benahmsete Ordens-Kinder mit ewiger Danck-
Pflicht verbinden wird, Ihren Durchlauchtigsten Stiffter und
Wohlthäter bey der späten Nach-Welt unaufhörlich anzupreisen.
Ihnen werden in beeyfferter Lob-Sprechung ewig treue Gesellschafft
leisten drey in den Embsländischen Grentzen errichtete stattliche Kir-
chen, vier theils diesseit, theils jenseit der Weeser aufgeführte Gottes-
Häuser. Und vorzüglich der Kunst- und Zierd-reichste, mit dem theu-
resten Nahmen CLEMENS AUGUST prangende Mergentheimische
Kirchen-Bau; dieser, dieser wird den unsterblichen Ehren-Ruhm bis

über die erhabene Wolcken tragen, und zugleich Dessen Glor-wür-
digstes Andencken in den Edelen Ritter-Hertzen des Hohen Teutschen Ordens ohnfehlbar verewigen. Jetzt, Hochansehnliche Zuhörer!
sprechen sie selbst das Urtheil. Hat der Satz nicht seine vollkommene
Richtigkeit: CLEMENS ein wahrer AUGUSTUS, ein Mehrer, ein Beförderer der Göttlichen Ehr, Der für die anständige Wohnungen GOttes unglaubliche Summen verwendet. Wil Boßheit, Mißgunst, oder
Unwissenheit die im offenen Licht aufgestellte Warheit annoch mit
frechem Widerspruch anfechten, so muß ich zur neuen Bestärckung
beyfügen, daß die Churfürstliche für GOTTes Ehr unersättlich eyf-
fernde Freygebigkeit sich über eigene Gräntzen bis in frembde Länder
erstreckt. Das Waldeckische Arolsen, das Clevische Creyveldt, das
Hoch-Fürstliche Bäyreuth und Saarbrücken, ja das Königliche Berlin
legen dahier vor der entseelten Aschen Ihres Durchlauchtigsten
Wohlthäters ihre erkenntlichste Gesinnungen in tieffster Ehrfurcht
nieder, sie hefften gleichsam dem gegenwärtigen Traur-Gerüst eine
feyrliche Danck-Schrifft an, zur öffentlichen Bezeugung, daß die
mildreichste Großmuth AUGUSTI ansehnlichste Geld-Summen
beygetragen, um den Catholischen in ihren Ring-Mauren angefange-
nen Kirchen-Bau zur schleunigen und prächtigsten Vollkommenheit
zu befördern.

Ist es möglich, daß sich die Schatz-Kammer unseres Theuresten Lands-Fürsten bey so unermeßlichen Aufwand nicht endlich er-
schöpffet? Da über dem unsäglichen Kirchen, so viele Schmuck-rei-
che Zierathen und Kostbarkeiten durch Dessen freygebigste Hand
ausgetheilet, da so vielen Kirchen-Dienern, Seelsorgern und Apostolischen Männern jährlich ein so Beträgtliches ausgeworffen worden,
damit die anvetraute, offt hin und her zerstreuete Schäfflein mit desto
grösserem Fleiß, Treu und Obsorg geweidet würden, da denen Nordi-
schen und Sinesischen Arbeitern im Weinberg des HErrn der

jährliche Unterhalt auch in den betrangtesten Zeiten beständig und richtig abgereichet worden, obschon eigennützige Staats-Klüglinge aus dem einsweiligen Abzug mit trifftigen Vorstellungen

<9>

mehrmahl angetragen. Da endlich im Chur-Cöllnischen Ertz-Stifft von vielen Jahren fast kein neuer Kirchen-Bau unternommen worden, so sich von Churfürstlicher Freygebigkeit nicht eines erheblichen Betrag zu erfreuen gehabt. Alles in der geheiligten Gott-gefälligen Absicht, damit der Dienst des Höchsten GOttes, die Ehr des ewigen Schöpffers in möglichste Aufnahm gebracht, in Blühe und Wachsthum erhalten würde, und deswegen unstreitig *Dilectus DEO*, Ein warhafft Grosser bey GOtt überschwenglich Hoch-beliebter Ertz-Bischoff, Der nur darum vieles von GOtt empfinge, damit Er desto mehr für GOtt ausschencken könte, der zugleich ein wahrer AUGUSTUS, ein Mehrer und Beförderer eigener and frembder Tugend zu seyn, sich eiffrigst bestrebet.

Gekrönte Lands-Fürsten seynd grosse Lichter dieser Welt, so ihren Tugend-Glantz nicht allein für sich selbst, sondern auch zu frembder Erbauung müssen stets hervor strahlen lassen. CLEMENS AUGUST hat bis ins 38te Jahr Sich mehr mit den reinsten Strahlen ächter Tugend, als mit dem Churfürstlichen Purpur geschmückt. Auf dem Ertz-Bischöfflichen Thron stellet Er das schönste Ur-Bild ausgemachter Vollkommenheit der gantzen Welt in die Augen. Alles, was die sittliche Lehr-Schulen von den vier Angel- oder sittlichen Haupt-Tugenden Wichtiges, Preyßwürdiges und Verdienstliches ausgezeichnet, solches hat CLEMENS AUGUST seinem klugen, gerechten, mäßigen und starckmüthigen Betragen aufs vollkommenste einverleibet. Die freygebige Natur, und der günstige Himmel hatten Sein theurestes Hertz mir vorzüglich erlauchter und kluger Einsicht ausgeschmückt. Was Er GOtt, Ihm selbst, und seinen Unterthanen

schuldig, stunde Ihm stets in einem unverfälschten lebhafftesten Abdruck vor Augen. Sein erhabner Geist wählte keine andere Mittel, das
fürgesetzete Ziel zu erreichen, als welche bescheidene Klugheit, nach
reiffer Ueberlegung, ausfündig gemacht. Seine eingegangene Bünd-
nüssen hatten nichts anders zur weisen Absicht und klugen Gegenstand, als seine untergebene Landen in Ruhe zu erhalten, wider ge-
waltsamen Ueberfall, wider feindseelige Bedrückungen in Sicherheit
zu stellen. Seine in 37 Jahren ausgegebene Höchste Befehle, Lands-
Vätterliche Verordnungen, Ertz-Bischöffliche Satzungen können alle
insgesamt als Zeugen der Warheit auftretten, daß zu ihrem Entwurff
die allerweiseste Vorsicht den Grund-Riß gelegt. Alle Schritte, so
CLEMENS AUGUST in den wichtigen Geschäfften Seiner Lands-
Fürstlichen Regierung machte, musten nach dem Maas-Stab wahrer
Klugheit eingerichtet seyn. Wo aber unübersteigliche Beschwernüs-
sen sich in den Weeg legten, und weit-aussehende gefährliche Folgen
sich plötzlich aufdeckten, wuste Er zu Zeiten ein Auge klüglich zuzu-
drucken, damit unterdessen das andere Aug über die ungekränckte
Beybehaltung Lands-herrlicher Vorrechten desto schärffer wachte.
Endlich hat darin die bewundernswürdige Klugheit den höchsten
Gipffel bestiegen, daß Er, nach Vorschrifft der bescheidenen Vernunfft, der Billigkeit und Gerechtigkeit in allen Handelungen und Absichten den unstrittigen Vorzug gegeben.

Die geheiligte, Recht von Unrecht entscheidende Waag-
Schaale stunde in der Durchlauchtigsten Hand CLEMENTIS AU-
GUSTI so lang

<10>

in einem unbeweglichen, unpartheischen Gleichgewicht, bis
Verdienst und Verbrechen auf die eine oder andere Seiten den Rechts-
gültigen Ausschlag gabe. Das Obrigkeitliche Straff-Schwerdt war allzeit mit dem mildreichen Oelzweig umwunden, und hatte bey

Verfolgung der Lastern die Besserung des Lasterhafften zum hauptsächliche Vorwurff. Nie ward das theureste gerecht-liebende Hertz empfindlicher gekräncket, als wann sich beträhnte Klagen über die verzögerte, unterdrückte, verdrehete Gerechtigkeit bey seinem Lands-herrlichen Thron niederlegten. Dann muste es zuweilen mit Unterdrückung der angestammeten Milde ein ernsthafftes, billig eiferendes Feuer greiffen; welches sonderlich alsdann zum gerechtesten Ausbruch kame, wann Eigennutz und Partheilichkeit den misbrauchten Richterstuhl entheiligten. Das muß man unterem Höchsten Beherrscher zum ewigen Nachruhm anschreiben: Mit seinem Willen und Vorwissen konte niemahl der mindeste widerrechtliche Eingriff Platz finden; Seine Gerechtigkeit war wie die Sonne im Thier-Kreyse, so durch alte Himmels-Zeichen stets ihren richtigen unabänderlichen Lauff fortsetzet, ohne sich jemahls zur mindesten Ausschweiffung verleiten zu lassen. Von dieser Gerecht-liebenden edelsten Gesinnung machte die CLEMENTinische Sonne bey würcklich anrückendem Todes-Schatten, gerad vor dem letzten Untergang, noch einmahl die allerschönste Probe, durch den ausdrücklichen seiner letzten Willens-Verordnung eingetragenen Befehl:. Daß die etwa rückständige Besoldungen und sonst vorfindliche Schulden aus der ansehnlichsten Hinterlassenschafft baldigst und vorzüglichst sollen abgeführt werden. Konte also unser gerechteste Lands-Fürst mit dem sterbenden Alexander Severus, bey dem Abtritt aus dieser Welt, Ihm selbst den herrlichen Trost-Spruch geben: Ich bleibe niemanden was schuldig! Ich füge dem Trost-Spruch meinen Vorspruch bey: *Dilectus DEO, cujus memoria in benedictione.* Sein Ruhm-würdigstes Andencken wird in ewiger Benedeyung aufblühen, weil Klugheit und Gerechtigkeit Ihn zum höchstwohlgefälligen Liebling GOttes gemacht. Weil Er, als ein wahrer AUGUSTUS, als ein Mehrer und Beförderer eigener und frembder Tugend durch Mässigkeit und Starckmüthigkeit in Verdiensten noch höher gestiegen.

Nirgends gläntzet die tugendhaffte Mässigkeit schöner und herrlicher, als auf dem Thron der Fürsten dieser Welt; weil allda die unbeschränckte Macht sich am beschwerlichsten Mässigungs-Schranken setzen lasset. CLEMENS AUGUST hat Ihm solche aus eigener Willkühr gesetzet. Allen seinen Handelungen legte Er eine bescheidene, vom Göttlichen Willen entlehnte Maaß-Gebung zum Grunde. Denen natürlichen Leydenschafften war stets ein gemässigtes, Gott-gefälliges Ziel bestimmet, vor welchem sich ungestümme Ausschweiffungen förchten und brechen müssen. Unmässige Begierd zu müssigen, verschlossenen Schätzen war seinem grossen edel-gesinneten Hertzen ein so frembdes unbekanntes Abendtheur, als das Ungewitter der reineren, über dem Mondschein belegenen Himmels-Lufft. Als ein Durchlauchtigster über Land und Leuth gebietender Beherrscher konte Er freylich von seiner Lands-herrlichen Hoheit durch niederträchtiges Vergessen nichts vergeben, doch hat Ihn eine verwunderliche Mässigung auch zuweilen von diesem erhabenen Gipffel hinunter gezogen bis zum Leuth-seeligen Umgang mit armen, gemeinen und einfältigen Unterthanen. Im Gebrauch der gewöhnlichen Leibs-Nahrung zeigt sich ein unschätzbares, Kronen-würdiges Wunder einer fast heiligen Mässigkeit. Diese Tugend war die ausnehmende Ehr, die eigentliche Zierde, das entscheidend Kenn-Zeichen

<11>

der schönst-eingerichteten Hofhaltung CLEMENTIS AUGUSTI; dem Freund und Feind den unsterblichen Ruhm beylegen müssen, daß Er in seinem gantzen Leben nicht ein Haarbreit aus dem Gleiß der Mässigkeit getretten. Bey angestellten Lustbahrkeiten, bey feyrlichen Galla-Tägen sähe man alles auf churfürstlicher Taffel, was Pracht und Kostbarkeit ersinnen konte, der in dem Genuß musten

sich alle Hohe und Niedrige an die geheiligste CLEMENTinische Mässigkeit unverbrüchlich binden; weil alle dieser Tugend entgegen ge-
setzete Ausschweiffung in den Durchlauchtigsten Augen ein ewig-
verhafteter höchst-verabscheueter Greuel und Eckel war. Bey der
37jährigen Glorreichsten Regierung, war alles in den Bann gethan, in
die Ober-Acht erklähret, was die schätzenswürdigste Nüchterkeit
verletzen konte, wodurch den mehresten Hof-Lästeren den Einbruch
gesperret. Wer sich immer bey seiner geheiligten Persohn, bey seinem
Lands-Fürstlichen Gnaden-Thron einer Huld-reichen Auffnahme ver-
sicheren wolte, der muste das Zeugnüs an der Seiten haben, daß er
dem Laster den Unmässigkeit für ewig abgeschworen, und der CLE-
MENTinischen Nüchterkeit den Eyd der Treue geleistet. Hierzu wurden alle durch das theureste Beyspiel des Höchsten Ober-Haupts
nachdrücklichst aufgemuntert, von Dem jenes, so Plinius von seinem
Trajano verzeichnet, alle Welt anrühmen muste: Wir leben von deiner
Mässigkeit; Deine Nüchterkeit macht uns sicher: Und da wir schlaf-
fen, seynd wir von deiner Wachtbahrkeit bedecket. Ich setze hinzu:
Durchlauchtigstes Vorbild aller tugendhafften Mässigung! Du warest
stets *Dilectus DEO*; Ein unendlich zart-geliebter Gegenwurff des günstigen Himmels, weil deine verwunderliche Einschränckung bey leib-
licher Nahrung zur Gottseeligsten Erbauung und Nachfolg gedienet:
Dafür der Lehr-reiche Himmel sicher dein theurestes in vollkom-
menster Mässigkeit zugebrachtes Leben bis an die höchste Stuffen
menschlichen Alterthums würde hinauf geführet haben, wann nicht
in der Vorsehung GOttes deine Verdienst-volle Tugend so frühzeitig
zu unsterblichen Cronen gereiffet. Diese entlehnet aber, meines Er-
achtens, den vornehmsten Schmuck und Glantz von der großmüthigen stets unüberwindlichen Stärcke.

Soll der erhabne Thron gekrönter Häupter sich stet in dauer-
haffter Festigkeit gründen, so muss hertzhaffte Großmüthigkeit

demselben zur fürnehmsten Stütze dienen; und alles Cronen-Gold
muß seinen wahren ächten Werth an dem Prob-Stein[45] der Stärcke beweisen. CLEMENS AUGUST, von dieser Warheit überzeuget, stunde
in seinen klug überlegten einmahl fest gesetzeten Entschliessungen
so unbeweglich, als ein Felsen unter den stürmenden Wellen. So weit
sein Grosses Helden-Hertz van stolz-müthiger Hartnäckigkeit entfernet, so artig hatte es Sich mit großmüthiger Standhafftigkeit verpaa-
ret. Es wollte durchaus von keinem Wechsel wissen; es wäre dann,
daß bey veränderten Umständen GOTT und Sein Gewissen ein Anderes erforderten. Bey der langjährigen Regierung blieben jene scharffe
Prüfungen nicht aus, so die allweise Vorsicht über ihre auserwehlte
Lieblinge bestimmet. Als das halbe Europa für zwantzig Jahren unter
den Waffen stunde, um Kaysers- und Königs-Cronen durchs blutige
Kriegs-Schwerdt zu theilen, O! wie manchen harten empfindlichen
Stoß hat das widrige Schicksal damahl dem CLEMENTinischen Hertzen versetzet. Die Erb-Landen des Bayrischen Chur-Hauses wurden
frembder Bottmässigkeit unterworffen, und von schweren Kriegs-
Lasten entsetzlich hart gedrucket. Freund und Feinde schienen an
dem

<12>

Umsturtz dieses schönen Hertzogthums mit gesammter Hand
zu arbeiten. Das zärtlichst geliebte Stamm- und Chur-Hauß muste
endlich Land und Leuthe mit flüchtendem Rücken ansehen. Die getreue Bayrische Insassen wurden mit Tausenden an den Jammer-vollen Bettel-Stab gestellet. Das erschöpffte, hart gedruckte, in Blut und
Thränen schwimmende Bayern schrie CLEMENS AUGUST mit fle-
hentlichem Seuftzen um Hülff und Rettung an; die aber zu leisten

---

[45] In der Vorlage: „Prod-Stein". Im folgenden kommt diese Verwechslung von „d" und
„b" noch mehrmals vor.

tausend Hindernüssen ohnmöglich machte. Allwissender Himmel!
dir ist allein bekannt, wie bey diesem blütigen lang anhaltendem
Traur-Spiel die wehmüthige Zärtlichkeit mit der Heroischen Starckmüthigkeit gestritten. Warhafftig! damahls wäre das Bayrische Helden-Hertz in diesem grausamen Sturm gescheitert, wann es nicht so
fest und unüberwindlich in eigener Stärcke geanckert, die durch den
mächtigen Einfluß von Oben immer mit neuer Lebhafftigkeit begeis-
tert wurde. Ohne diesen Einfluß hätte sicher der unvermuthete To-
des-Fall des Kaysers CAROLI des VII. das starcke Helden-Hertz CLE-
MENTIS AUGUSTI darnieder geworffen. Ach was ein entsetzlich hartes Verhängnüs! Einen Großmächtigsten erst vor drey Jahren gekrönten Kayser, einen Durchlauchtigsten zärtlichst geliebten Bruder stür-
zet der Tod damahls ins frühzeitige Grab, da die schädliche Kriegs-
Flammen noch in voller Wuth aufbranten, da das Schicksal der Bayrischen Landen noch in zweifelhaffter Unsicherheit schwebte. Wie
wird dieser schreckbare Donner-Streich das CLEMENTinische Hertz
nicht zersplittert haben? Aber nichts weniger! A, A! Die unüberwindliche Starckmüthigkeit hat es gleich einem Diamant wider alle klein-
müthige niedergeschlagene Zersplitterung gehärtet und befestiget.
Der erste ungestümme Anfall gerechter Schmertzen machte zwar einen empfindlichen Wehmuths-vollen Eindruck; aber ohne Verfinste-
rung der Stirn, ohne Entfärbung des Angesichts, ohne die mindeste
Spur einer übertriebenen Bekränckung. Sein Grosser Starcker Geist
fande in eigener Großmuth die beste Artzeney, die innerliche Wunden des Hertzen baldigst auszuheilen. Doch kan man sagen, daß unser
Durchlauchtigster Lands-Fürst die vier letztere Lebens-Jahr hindurch
eine heimliche unheilbare stets Blut-trieffende Wunde mit Sich
herum getragen: Die lebhaffte Abbildung seiner armen verlassenen,
mit frembder Kriegs-Macht überzogenen, erschöpften, hart gedruckten Lands-Kinder hielte Sein theurestes Vatter-Hertz beständig an

einer schmertzhafften Folter gespannet. Die scharffe Züchtigungs-
Ruthe des unabhelfflichen Kriegs hat Seinen geliebten Hoch-Stiffte-
ren keinen eintzigen Streich versetzet, der Ihm nicht mit schmertzli-
chem Mitleyden das Lebendige getroffen. Schlafflose Nächte, verborgene Bitt-Seufftzer, heimlich zum Himmel geschickte Klagen! ihr
könnet hier allein die warhaffte Zeugen abgeben, wie viel Kummer
und Leyd in den vier Jahren das CLEMENTinische Hertz bestürmet!
Doch sahe man die verwunderliche, auf GOTT vertrauende Starckmüthigkeit bey dem innerlichen Sturm in dem gelassenen großmüthigen Gleich-Gewicht noch immer aufrecht stehen; welche sich anbey
äusserst bestrebet, den hart getroffenen Underthanen so schrifftlich
als mündlich Hertz und Muth einzusprechen, mit Trost-voller Erinnerung, daß der stürmende Wind, so bey trübem Himmel die beladene
Korn-Aehre darnieder druckt, auch dieselbe offt nach erfolgter Auf-
heiterung wieder in die Höhe richte. O! A, A! Wie solte eine so hoch
gesteigerte Starckmüthigkeit nicht eine ausserordentliche

    <13>
    Huld und Liebe bey dem Thron des Höchsten GOttes gefun-
den haben? O, sicher! *Dilectus DEO.* Kan man wohl anderst sagen und
dencken, als daß der Höchste GOTT dem Durchlauchtigsten CLE-
MENS gantz was Besonders und Ausserordentliches in seiner zartesten Liebe eingeraumet? Weil der Kluge, Gerechte, Mässige, Starcke
AUGUSTUS eigene Tugend und Verdienst mit überschwencklichen
Zusatz vermehret, weil Er zugleich durch die vier fürnehmste Haupt-
Tugenden tausend Andere zur beeiferten GOTT gefälligen Nachfolge
gezogen. Wohl! A, A! so habe ich dann jenem unsterblichen Denckmahl, woran meine heutige Traur- und Ehren-Rede so ungeschickt
und mühsam arbeitet, die vier sittliche Tugend-Säulen mit Recht zum
Grund gesetzet. Freylich, Hoch-erleuchtete Klugheit, ohnpartheyi-
sche Gerechtigkeit, verwunderliche Mässigkeit, unüberwindliche

129

Starckmüthigkeit, ihr solt die Ruhmwürdigste Gedächtnüs besser verewigen, besser verherrlichen, als alle Aegyptische Kunstreiche Spitz-
Säulen von Cairo und Memphis; an selbigen sol die späte Nach-Welt
mit tieffster Verehrung lesen: *Dilectus DEO*; Beliebt bey GOtt.

Zweyter Theil

Dilectus hominibus; Beliebt bey den Menschen. Herrschende
gekrönte Lands-Fürsten werden öffter mehr aus knechtischer Forcht,
als aus edelern Triebe wahrer Liebs-Neigung bedienet und verehret.
Vor ihrem Thron biegt sich offt ein ehrbietsahmes Knye, nicht weil
auf selbigen Liebswürdigkeiten herrschen, sondern weil unbeschränckte Macht von dort aus schreckhaffte Strahlen von sich wirfft.
Allein unseren Durchlauchtigsten in GOtt ruhenden CLEMENS hatte
Gnad und Natur mit so holdseeligen Huld-reichen Eigenschafften aus-
geschmücket, daß Er alle aufrichtig-gesinnete Hertzen mit Liebe be-
stricket, durch süssen Gewalt an sich gezogen. Alles was sich in 37
Jahren seinem geheiligten Thron genähert, wurde auch an denselben
durch Liebe gefesselt. Unter dem Zahl-reichen Hof-Staat und Diener-
schafft hat sich in so geraumer Zelt kein Eintziger gefunden, der nicht
von seinem treu-verpflichteten Hertzen ein freywilliges Liebs-Opffer
gemacht. O! wie viele könte man nicht auf den Fingern daher zählen,
so ihre Ruhe, ihre Gemächlichkeit, ihr Vergnügen, ihre Kräfften, ihre
Gesundheit, ihr Vermögen mit Lust und Freud feil geboten, darge-
streckt, aufgewendet, um dem Lieb-würdigsten Lands-Fürsten angenehme, wohlgefällige Dienste zu leisten. Wohl kein Wunder, da Dessen glückseeligste Regierung selbst in lauter und thätigster Huldreichster Liebe bestanden: Die sich fürs allgemeine Beste, für die
Wohlfahrt seiner liebsten Unterthanen stets treulich und eifrig verwendet und aufgeopffert. Wie es sein eigener dem ausgemüntzeten

Silber vormahls eingeprägte Wahl-Spruch der gantzen Wett vor Augen gelegt: *Non mihi, sed populo*; Nicht CLEMENS Nutz, Des Landes Schutz. Die Last für mich, Der Wehrt für dich. Nach dieser allerweisesten Grund-Regel giengen nun alle Lands-herrliche Absichten, Bemühungen und Bestrebungen dahin, damit alle Unterthanen den süssen Einfluß der mildreichen CLEMENTinischen Regierung empfinden mögten. Ueber Deroselben Kräfften durfften keine

<14>

Auflagen angesetzet werden. Die gewöhnliche ihnen obliegende Steuren und Lasten wurden nach ihrem wahren Vermögen abgemessen; sie wurden wider die nachtheilige Eingriffe der Auswendig- und Einheimischen nachdrücklich geschützet; mit gnädigster Nachlaß schuldiger Pflichten offtmahl erfreuet. Es solte also der Unterthan unter dem Ertz-Bischöfflichen Höchsten Hirten-Stab so ruhig, so vergnügt, so beglückt und ungekräncket leben, als immer Israel unter Moysis schirm-reichen Wunder-Ruthen. Ach heilige, mild-seligste Absichten! hättet ihr allemahl das vorgesetzte Ziel erreichet, so hätte man in 37 Jahren keine Klagen eines gedruckten Unterthanen gehöret, so hätte das Cöllnische Ertz-Stifft, samt übrigen Landen, unter dem Huld-reichen Churfürstlichen Purpur-Mantel lauter goldene Zeiten erlebt? Dieses bleibt unterdessen in unstrittiger Warheit fest gegründet, daß die recht vätterliche Beherrschung CLEMENTIS AUGUSTI stets von Milch und Honig, von Güte und Liebe getrieffet. Er hat mehrmahl Seine Churfürstliche Schatz-Kammer mercklich geschwächet und ausgeleeret, damit die Durchlauchtigste Hand in täglicher Austheilung überschwencklicher Gnaden, sich desto freygebiger eröffnen könte. Die eigennützige, bey der heutigen Welt vielgeltende Staats-Klugheit konte dem CLEMENTinischen Hertzen nie die niederträchtige Denckens-Art beybringen, aus dem Blut und Schweiß der gepresseten Unterthanen Schätze zu sammlen, um selbige, ohne

131

jemands Nutzen, in verschlossene Gewölber und Thürme zu vergraben; oder nur aus denselben, ein verschwenderisches Schau-Spiel der eitelen Welt-Herrlichkeit vorzustellen. Nein! Der mildreichste Lands-Vatter hat seiner Länder ansehnlichste Einkünffte zu einem weit höhern und edlern Ziel bestimmet. Von denselben werden alljährlich {es ist Land- und Welt-kündig} viele Tausend freygebigst ausgeworffen, Hohen und Niedrigen Stands-Persohnen nicht nur den nöthigen, sondern auch Standmäßigen, ja reichlichen Unterhalt zu verschaffen. Fürwahr, wann in gekrönten Häuptern die gutthätige Mildigkeit einer Uebermaaß fähig wäre, so würde solche, als ein neues Wunder der Welt, sich das erstemahl in CLEMENS AUGUST vorgezeiget haben. Bey Dem die treu-geleistete Dienste mit dem Tod des Amt-Verwesers nimmer aussturben, sondern gar bis ins dritte und vierdte Glied mit ansehnlichen Jahr-Zinsen freygebigst belohnet wurden: Dessen höchste Freud, Lust und Vergnügen war, Gnaden und Wohlthaten auszutheilen. Ist nun die Lands-Fürstliche Milde jene fruchtbahre Mutter, so keine andere Töchter, als Liebe gebähret, so hat ja sicher die danckbahre Liebe in alle Hertzen geschrieben: *Dilectus hominibus.* CLEMENS AUGUST, der lieb-würdigste Beherrscher, Den jemahls die Erde getragen. Man kan dieses noch immer deutlich lesen in den traurmüthigen noch würcklich trieffenden Zähren so vieler bekränzten Wittiben, so vieler verlassenen Waysen-Kindern, die anheut vor dieser öffentlichen Traur-Bühne ihr nasses in Thränen eingedunckte Zeugnüß in wehmüthigster Ehr-Furcht niederlegen, mit feyrlichster Betheurung: Daß sie für Noth, Kummer und Elend den Jammervollen Bettelstab hätten ergreiffen müssen, wenn nicht CLEMENTIS Landsvätterliche Güte die nöthige Nahrungs-Mittel Gnädigst angeordnet. Es stehet bey uns und allen tiefst-traurenden Landen in ewig-unvergeßlichem Andencken, was die CLEMENTinische Milde für eine heiligmässige,

132

<15>

Preiß-würdigste Gewohnheit unterhalten. So bald ein Lands-
herrlicher Bediente die Augen schlosse, und die hinterlassene Familie
die demüthigste Anzeige im Hof-Lager machte von dem nach Abster-
ben vorgefundenen Verschuldeten unvermöglichen Zustande; den
Augenblick war das CLEMENTinissche Hertz mit zartestem Mitleyden gerühret, die Gnädigste Anweisung, unter Churfürstlichem Sie-
gel und Unterschrift, dahin ausgefertiget, damit die Nothleidende mit
hinlänglichem Unterhalt mild-seeligst versorget würden. Ja so gar {er-
staune nur späte Nach-Welt über die unerhörte Wunder der Mildthä-
tigkeit} in denen 37 Ruhm-würdigsten Regierungs-Jahren hat sich unter Lands-herrlichen Bedienten kaum ein Sterb-Fall ereignet, daß dem
Durchlauchtigsten Lands-Vatter die unmündige, die ungezogene,
minderjährige Sprößlein nicht wären zur Erbschafft anheim gefallen,
welche Dessen freygebige Mildhertzigkeit in öffentlichen Schulen, in
Klöstern, in Werckstätten auf Lands-Fürstliche Unkösten so lang ernähren, erziehen, erhalten, unterweisen laßen, bis sie durch die er-
langte Fähigkeit hinlänglich im Stand gesetzet, sich selbsten fortzu-
helffen. Diese werden ja nimmer aufhören in Dem Durchlauchtigsten
CLEMENS AUGUST einen liebens-würdigsten Lands-Vatter mit ewiger Danck-Pflicht zu verehren.

O! hier muß sicher der CLEMENTinische Wahl- und Sinn-
Spruch Platz greiffen: *Non mihi, sed populo.* Alles, was die weitschichtige Mir von GOtt anvertraute Länder in gesegnetem Ueberfluß auf-
bringen, sol nicht Mir zu meinem einseitigen Vergnügen und Erblich-
keit, sondern vorzüglich den geliebten Unterthanen zum Nutzen, zum
Trost, zur Aufnahm gewidmet seyn. So tragt dann, getreue Lands-
Kinder! euer Verlangen, euren Gesuch, eure Wünsche zum mildsee-
ligsten Lands-Vätterlichen Thron. Hier ist für euch Gnad und Gunst,
Hülff und Beystand in überschwenglicher Völle bereitet; und da sehe

ich hundert und hundert Lands-Kinder, von beyderley Geschlecht, mit demüthigsten Bittschriften im Churfürstlichen Hof-Lager auftretten, denen Armuth und Unvermögenheit die Befolgung ihres geistlichen Beruffs ohnmöglich macht, und auf den ersten flehentlichen Antrag werden allen diesen die nöthige Aussteurungs- und Einkleidungs-Gelder aus der Lands-Fürstlichen Kammer freygebigst dargereichet. Schauen Sie, Hoch-Ansehnliche! alle diese nunmehr treu-eifrige Gottes-Diener und Gottes-Dienerinnen wären von ihrem geistlichen Beruff ewig ausgeschlossen blieben, sie wären vielleicht von dem lasterhaften Strohm weltlicher Verführung hingerissen worden, sie hätten vielleicht ewig an ihrem kostbaren Seelen-Heyl unglückseeligen Schiffbruch gelitten, wann nicht mildreichste Hand durch freygebig hergeschossene Kösten dieselbe in den sicheren Hafen des geistlichen Ordens-Stand glücklich eingeführet. Wie werden dann diese GOtt-verlobte Hertzen nicht unaufhörlich schreyen: Gerechter Himmel, cröne doch mit unendlicher Ehr und Herrlichkeit den theuresten bey GOtt und den Menschen höchst-beliebten CLEMENS AUGUST! Alles, was wir nach Vorschrift unseres geistlichen Beruffs thun und leyden, muß ja unserem Durchlauchtigsten, Liebwürdigsten Wohlthäter nothwendig zum ewigen unsterblichen Lohn angedeyhen. Die nemliche treueiffrigste Wünsche werden täglich in ihren starck-gerührten Hertzen jene vorzüglich wiederhohlen, so aus Liebe der Warheit in den Schooß der Catholischen Kirchen zurück getrotten, diese fanden mehrmahl bey dem CLEMENTinischen Gnaden-Thron bessere und grössere Vortheile, als sie bey ihren ehemahligen Glaubens-Genossen hätten hoffen können. Wie viele von ihnen, von Kummer und Armuth genöthiget, hätten der erkannten

<16>

Warheit aufs neu den Rücken gewendet, wann unser Durchlauchtigste Beherrscher dieselbe nicht durch Gnädigste Beförderung,

134

durch mildreichste Versorgung zum Stand-mässigen Brod verholffen. Setze man diesen bey so viele tausend Arme, so täglich aus CLEMEN-TIS freygebigster Hand ihren Hunger gestillet, ihre Blösse bedecket, ihr Leben erhalten, alsdann mögte wohl mit Erstaunen fragen: Wie es möglich, daß CLEMENS AUGUST bey tausend anderen schweren Ausgaben die unbegreifliche Kösten zu so vielen Gottseeligen Aus-spändungen habe bestreiten können? Es müste einem schier der Gedancke einfallen: Es haben sich die Hülffs-Mittel in der CLEMENTi-nischen Hand, durch Göttliche Wunder-Krafft, vervielfältiget, damit kein gewaltsam eindringender Abgang die Durchlauchtigste Quellen freygebigster Mildigkeit austrockenen könnte.

Von diesen gutthätigen Quellen waren nun nicht einmahl ausgeschlossen, so sich durch eigene Schuld die höchste Ungnade auf den Halß gezogen: Dann auch bey der abgenöthigten Bestraffung muste die Milde allzeit der Schärffe vorgreiffen. Dieses muß man zum ewigen Andencken allen Jahr-Bücheren eintragen: AUGUSTI Ungnade hat niemand arm, CLEMENTIS Gnade Unzählbare reich gemacht. Seine Beleydiger wurden ausser dem Hof-Lager mit keinen harten Bedruckungen, mit rachsüchtigen Ahndungen verfolget. Sie konten Ihre gesammlete Schätze, Ihre erworbene Vor-Rechte in stiller Ruhe sicher und ungestöhrt geniessen. Seinem Großmühtigen Hertzen ware nimmer mit frembdem Unglück gedienet. So offt Er jenen, so sich durch eigenes Verbrechen unglücklich gemacht, eine nachgesuchte Gnad abschlagen muste, konte man Ihm durch seine Augen in die Brust hinein sehen, wie das mit Sich selbst streitende Hertz für Wehmuth geblutet. O! wie vergnügt mit Sich selbst war hingegen der Theureste CLEMENS AUGUST, wann sich nur auch ein halbgültiges Mittel an den Weeg legte, ohne Verletzung der Lands-Fürstlichen Hoheit einen strafwürdigen Fehltritt mit huldreicher Uebersehung zu begnädigen. Ewiger GOTT! wann Jene deine vorzüglich geliebte

Günstling seynd, so Unverdienten die Güte und Milde nicht absprechen, so weiß ich schon wie hoch CLEMENS AUGUST in deinem allerheiligsten Hertzen angeschrieben stehe. Die tadelsüchtige Welt hat sich zuweilen erfrevelet, im verborgenen Schwätz-Winckel die übelgesinnete Frage aufzuwerffen: Warum diese und jene dem Durchlauchtigsten Lands-Herrn zu nahe trettende Ausschweiffung nicht in aller Schärffe geahndet werde? Warum diesen und jenen am Platz der wohlverdienten Streichen der Ertz-Bischöffliche Seegen mit allem Ueberfluß begünstige? Die entschuldigende Ursach wurde alsdann von einer fälschlich angegebenen Unwissenheit hergeleitet; aber weg mit diesem erdichteten unstatthafften Vorwand! Die erlauchtete Einsicht unseres glorreichsten Lands-Vatters konte nur gar zu wohl einen Pflicht-brüchigen eigennützigen Esau von dem treu-gesinnten gottesfürchtigen Jacob unterscheiden; gleichwohl konte und wolte Höchst-Desselben Mildigkeit den unartigen Esau nicht allemahl von dem Lands-Fürstlichen Seegen und Gnädigster Huld ausschliessen. Und gerad hiedurch hat sich Dessen ausbündigste Gutthätigkeit gleichsam vergöttert, oder wenigst mit der Göttlichen allgütigsten Eigenschafft aufs vollkommeneste

<17>

verähnlichet, indem die CLEMENTinische Gnaden-Sonne über Gute und Böse in vollem Glantz geleuchtet, und Unverdienten offt lauter holdseelige, reichlich vergütete Strahlen angedeihen lassen, damit Er alle, ohne Unterscheid, seiner Tugend und großmüthigen Liebe zinsbahr machte. Wie offt hat der huldreiche CLEMENS AUGUST in huld-reich Gnädigster Nachsicht jenen das Leben geschencket, denen ihr eigenes Verbrechen schon würcklich das blütige Straf-Urtheil gesprochen. Wie offt hat Er einen unglücklichen Fehltritt unter dem Ertz-Bischöfflichen Purpur zu bedecken gesucht, damit die verletzte Lands-Fürstliche Gerechtigkeit den Schuldigen

136

nicht treffen möchte. Warhafftig! der also durch Verschonen, durch Erbarmen und Mitleiden seine hochbeglückte Regierung versüßet, dem muß vorzüglich die allerzarteste Liebe ewig unverwelckliche Cronen flechten. Diese tragen Ihm die arme Taglöhner und Handwercker gleichsam auf den Knyen entgegen, in danckbarster Rücksicht, daß ihnen aus CLEMENTIS freygebigster Hand so viele Tausend zugeflossen. Unser Durchlauchtigster Beherrscher war der hoch-geschätzen Bau-Kunst vorzüglich geneigt. Von Deroselben klügsten Erfindungen, schönsten Grund-Rissen, stehen uns in den Churfürstlichen und Fürstlichen Landen die herrlichste Denckmahle vor Augen. Die stattlichste Palläst, die schönste Jagd-Schlösser, die angenehmste Lust-Gebäude, in welchen man einen erhabenen Geschmack, Regel-mäßige Ordnung, fast königlichen Pracht, erstaunliche Kostbarkeiten, und Kunstreichste Auszierungen überall herrschen siehet. Allein wie viele Hundert tausend {wirfft hier ein vorfliegender Gedancke ein} hat diese Lands-Fürstliche Bau-Lust in übertriebenem Aufwand verschlungen? Worauf zielten aber bey dem so kostbahren Bau-Wesen die CLEMENTinische Absichten? Der Churfürstliche Denck- und Wahl-Spruch druckt es sehr schön und lebhafft aus: *Non mihi, sed populo;* Nicht mir zur einseitigen Freude und Lust, sondern dem nahrlosen Volck zum Nutzen, Gewinn und Vortheil werden die Ertz-Bischöffliche und übrige Länder mit fürtrefflichsten Pallästen ausgezieret. Frage man so viele hundert Künstler, Arbeiter, Handwercker, Taglöhner, wer sie mit nützlicher Arbeit wider den verhaßten Müßiggang, mit täglichem Gewinn wider die Brodlose Armuth versorget? So werden alle diese die einstimmige danckbahre Bekänntnüs von sich stellen: Daß die CLEMENTinische immer beschäfftigte Bau-Kunst ihnen jene gesegnete Quellen eröffnet, woraus sie in 37 Jahren so reichliche Nahrung geschöpffet. Diese mildreiche Quellen waren nun nimmer jener verlassenen Armuth verschlossen, so

137

wegen Alter und Unvermögen zur Arbeit nicht mehr aufgelegt. Spithäler, Krancken- und Armen-Häuser! ihr werdet es mit höchst-verdienter Anpreisung bis an die Sternen erheben, was ansehnliche Schanckungen, was beträgtliche Allmosen der Durchlauchtigste Lands-Vatter euch alljährlich zugewendet. Heimliche verborgene Hauß-Armuth! du wirst es dem Himmel noch oft in wehmühtiger Erinnerung vortragen, wie oft CLEMENS AUGUST ohne deine Schamhaftigkeit zu verwunden, durch die zweyte und dritte Hand deinen Hunger gestillet, deinen Kummer versüsset, dein Elend gelindert. Verlassene preßhaffte Schäflein! euch wirds die pflichtige Dankbarkeit ins unvergeßliche Hertz schreiben, wie offt der theureste Ober-Hirt euch mit seiner vätterlichen Milde und Güte geweidet, getröstet, gestärcket. Mit euch werden tausend andere von höchster Gutthätigkeit

<18>

erquickte, aufgeholffene Unglücks-Kinder der späten Nach-Welt zuruffen: Dilectus DEO, & hominibus; Die Liebe des Himmels, die Liebe der Menschen verherrlichet mit doppeltem, ewig-unverdunckeltem Ehren-Glantz die überschwenckliche CLEMENTinische Guthätigkeit.

Dannoch, gerechter, strenger Himmel! woltest du jenen Schreckenvollen, grausamen, tödtlichen Streich nicht abhalten, so den würdigsten Ertz-Bischoff unserer Zeiten, den ältesten höchst-verdienten Churfürsten des Teutschen Reichs, den mildreichsten Lands-Vater aller Unterthanen ins unvermuthete Grab geführt. Unter CLEMENTIS AUGUSTI süssesten, liebreichsten, höchsten Hirten-Stab sasse das Churfürstliche Ertz-Stifft so ruhig, vergnüget und sicher, als vorzeiten Israel, unter seinem fruchtbahren Oel und Feigenbaum, da der 6te Hornung sich plötzlich und unversehens in Trauer- und Leydvolle Cypressen, in tödtlichen Schatten eingekleidet. Das Chur-Trierische Hoff-Lager hat diesen höchst-betrübten Vorgang mit

bestürtzeten erschrockenen Augen wahrgenommen; da über Taffel
die verdächtige Kennzeichen des innerlichen Uebels in dem veränderten Angesicht den ersten bedenklichen Auftritt machten; da die lang-
sam tieffer einbrechende Schwachheit mit gefährlichen Folgen tro-
hete; und endlich den theuresten Lands-Fürsten zu jener schmertzhafften Lagerstatt führte, welche der fürsichtige Himmel seiner Hel-
denmüthigen Tugend zum letzte Verdienst-vollen Kampff-Platz bestimmet. Hier hat der Durchlauchtigste, bey GOTT und den Menschen beliebte CLEMENS AUGUST, seine Ruhm-würdigste Ge-
dächtnüß durch schweren Streit und herrlichen Sieg gekrönet. So bald
die gewaltsame Brust-Beschwerung den freyen Athem-Zug zu hemmen anfienge, stellete sich dem CLEMENTinischen Hertzen die nah
anruckende Tods-Gefahr in gantz kentbahren, lebhafften Abdruck
vor. Ach, gerechter Himmel! so sol unser theureste Lands-Fürst über
wenig Stunden dem Tod unter die blutige Mord-Sichel fallen, von seinem hoch-geliebten Chur-Cöllnischen Ertz-Stifft für ewig Abschied
nehmen, seine übrige Landen in äusserster Verwirrung und Zerrüt-
tung, in Jammer-vollen betrübtesten Umstand auf einmahl verlassen,
sich vom anverwandtlichen Höchsten Chur-Hauß, ohne letzten Ab-
schied-Kuß, für immer entfernen? Diese so Grausen-volle, entsetzlich
bittere, schreckbare Gegen-Würffe, da sie sich auf einmahl vor dem
Fürstlichen Sterb-Lager darstellen, mit was für Angst und Schrecken,
Forcht und Zittern werden sie nicht das abgeschwächte Hertz darnieder geschlagen haben? Nein! A, A! Bey allem diesen stehet das Grosse
CLEMENS-Hertz in einem unerschrockenen unverzagten Helden-
muth stets fest und unbeweglich. Nur sehnet es sich mit brünstiger
Begierd nach jenen geheiligten Hülffs-Mitteln, so die theureste in den
Göttlichen Willen vollkommen ergebene Seel zum letzten Streit und
Sieg vorbereiten sollen. Auf eigenen Höchsten Befehl und Anhalten
muß diese GOtt gefällige Vorbereitung zur unverweilten

Werckthätigkeit befürderet werden. Der Sacramentalische Löse-Schlüssel versöhnet das reumüthige gereinigte Hertz mit dem Höchsten GOTT, das allerheiligste Brod der Engeln stärcket die reißfertige Seel zu dem bevorstehenden schweren Kampff, darauf mit dem Oel der Sterbenden zeitlich gesalbet will CLEMENS AUGUST von dem allwaltenden Finger GOttes den letztgebietenden Winck zum Abtritt aus der Welt ruhig und standhafftig

<19>

erwarten. Warhafftig *Dilectus DEO*. Ein Glückseliger, bey GOtt im Leben, und besonders im Sterben vorzüglich beliebter Lands-Fürst, Dem der günstige Himmel die unschätzbare Gnad freygebigst eingestanden, mit vollkommenem Gebrauch der Vernunfft, mit verwunderlicher Ruh der Seelen, mit ungestöhrter Munterkeit des Geistes, das höchstwichtige Geschäfft des Heyls im Tods-Bett abzuhandeln. *Dilectus hominibus*. Er wil sich auch am Ende des Lebens nochmahls beliebt bey den Menschen machen. Davon zeigt uns das Churfürstliche Testament die schönste Proben auf. Das zärtlichst geliebte Ertz-Stifft und der künfftige Thron-Folger in der Chur-Würde werden zum Haupt-Erben eingesetzt. Ansehnliche Schanckungen und Vermächtnüssen für Höchste Herrschafften ausgestellet; für jene, so bey dem Sterb-Lager die letzte Dienste geleistet, ausserordentliche Gnaden bestimmet; und endlich für die Noth-leidende Armuth tausend Reichsthaler freygebigst ausgeworffen. Fürwahr, könte und wolte wahre Tugend selbst ein Testament errichten, und ächte Menschen-Liebe ihr einen Erben wählen, so müste der CLEMENTinische letzte Will ihnen zur Vorschrifft und Maaß-Regel dienen. Höchst-Derselbe veranlasset mich zur Ehr-Furcht vollen Wiederhohlung: *memoria in benedictione*; Die gesegnete, gebenedeyte, Ruhm-würdigste Gedächtnüs des großmüthig, des Christlich, des heilig sterbenden

CLEMENTIS AUGUSTI wird nimmer in danckbahren, treu-gesinneten Hertzen aussterben.

Jetzt, A! tretten sie mit mir in Gedancken nochmahls an das Lands-Fürstliche Krancken-Bett; ich ziehe mit Ehrfürchtigen Händen den Vorhang auf. Da zeiget sich der bedaurlichste und zugleich erbäulichste Gegenstand. Der entkräfftete, in die letzte Zügen greiffende Lands-Vater ligt da zur Prüffung und Läuterung im Feuer tödtlicher Schmertzen. Er legt dem gekreuzigten Heyland sich Selbst, sein theurestes Leben, den Ertz-Bischöfflichen Hirten-Stab in tieffster Demuth zu Füssen; sein kindliches auf die unendliche Verdiensten Christi einig gegründetes Vertrauen siehet dem ankommenden Tod mit freudiger aufgeheiterter Stirn entgegen. Unter brinn-eiferigen Liebs-Regungen, heiligen Anmüthungen, gottseeligen Andachts-Seufftzern brechen endlich die Augen, erstarret das Hertz; das sanfft geneigte Haupt gibt gleichsam das Zeichen zur Abreise, und der aufgelösete Geist übergiebt sich in die Hände des ewigen Schöpffers. O wohl ein schöner Tod! der sich mit so erwünscheten fürtrefflichen Eigenschafften deswegen verherrlichet; weil die vorhergegangene Allmosen dazu den reinsten und schönsten Schmuck freygebig beygetragen. Ein kostbahrer Tod! weil eine Lebens-länglich fortgesetzete eifrigste Vermehrung Göttlicher Ehr Denselben mit überschwencklichen Verdiensten gekrönet. Ein glückseliger Tod! weil die Liebe des Himmels, die Liebe der Menschen Demselben das treue unzertrennliche Geleit gegeben. Es hat sich also der Durchlauchtigste CLEMENS AUGUST im Ruhm-würdigen Leben, im Tugend-vollen Sterben ein unsterbliches Ehren-Denckmahl aufgerichtet, welches mit jenem höchst-verdienten Denck- und Wahl-Spruch prangen wird: *Dilectus DEO & hominibus, cujus memoria in benedictione est*; Er war beliebt bey GOtt und den Menschen, seine Gedächtnüs wird in unaufhörlicher Benedeyung und Verherrlichung leben. Amen.

1761 April Pater J. U. Clement SJ: Klag und Lob-Red auf Kurfürst Clemens August in Mergentheim[46]

Glorreichstes Leben | NACH DEM TODT, | Des Hochwürdigsten und Durchleuchtigsten Fürsten, und Herrn, Herrn | CLEMENTIS AUGUSTI | Ertz-Bischoffen zu Cölln, Des Heil. Röm. Reichs durch Italien Ertz-Cantzlern, und Churfürsten, Legati des Heil. Apostol. Stuhls zu Rom, Administratoris des Hoch-Meisterthums in Preussen, Meistern Teutschen Ordens in Teutsch- und Welschen Landen, Bischoffen zu Hildesheim, Paderborn, Münster und Osnabrück, in Ober- und Nieder-Bayern, auch der Obern Pfaltz, in Westfalen, und zu Engern Hertzogen, Pfaltz-Grafen bey Rhein, Land-Grafen zu Leuchtenberg, Burg-Grafen zu Stromberg, Grafen zu Pyrmont, Herrn zu Borckelohe, Werth, Freudenthal, und Eulenberg, et. etc. | Unsers Weyland Gnädigsten Obristen Herrn, und Vatters, | In einer Klag- und Lob-Red | beschrieben, und vorgetragen Den ... April 1761. bey denen solennen Exequien In der Hochfürstlichen Hof-Kirchen zu Mergentheim | Von Joanne Udalrico Clement. | des Hohen Ordens Priestern. | *Cum Licentia Superiorum.* | Gedruckt bey Alexander Kauffmann, Churfl. privileg. Buchdrucker. < >

---

[46] Fundstelle: Landesarchiv Baden-Württemberg, Abtl. Staatsarchiv Ludwigsburg, JL 425 Bd.13, Qu. 69 Bild 1 ff; http://www.landesarchiv-bw.de/plink/?f=2-75479-1 ff.

Thema.

In saeculum memoria ejus in benedictione.
1. Mach. 3, v.7.
Sein Gedächtnis wird ewig in Seegen bleiben.

Eingang.

Grausamer Menschen-Feind, grimmiger Tod! So hat dann deinen Durst nicht gestillet das bey fürwährenden leidigen Krieg durch Feuer und Schwerdt in so vielen Land- und Ortschaften Europae Strom-weis vergossene Blut deren widereinander kämpffenden Martis-Söhnen? Nicht das Mitleydens-würdige Elend der für Forcht und Schrecken, Hunger, und Kummer verschmachtenden unglückseeligen Unterthanen dich zu frieden gestellet? sondern erfrechest dich noch sogar die hohe Ceder-Bäume des Römischen Reichs, die Säulen der Heil. Kirchen, die Gesalbte des Herrn feindseelig anzupacken, deine giftige < > Pfeil auf Sie abzudrucken, und hast weyland Den Hochwürdigsten Durchleuchtesten Fürsten, und Herrn Clement August etc. etc. Unsern Gnädigsten Lands-Vattern, Fürsten, und Herrn {da wir eben mit allen nach unseren Vermögen gemachten freudigen Veranstaltungen Höchst-Dero erfreulichen Ankunft entgegen sahen} auf dem Weeg hieher gewaltthätig angefallen, und zur anderen weiteren Reis in die lange Ewigkeit genöthiget, folglich unsere sehnliche Hoffnung, unsere freudige Erwartung in ein wehemüthiges Klagen, Seuffzen, und Trauren verwechslet, nebst uns das gantze Durchleuchtigste Chur-Haus Bayern; den gantzen Hohen Deutschen Ritter-Orden, alle von Höchst-Denenselben besessene respective Hohe Ertz- und Domb-Stiffter, den gantzen Cöllnischen Hoff, sämtliche treu liebende

143

Unterthanen in die äusserste Betrübnuß gesetzet; Dieses sagte uns das bishero täglich klägliche Traur-Läuten, dies zeiget und bezeuget gegenwärtiges schwartz gekleydetes Gottes-Haus. und darinnen sonst so ansehnliche jetzt aber verhüllte Altär, das kostbahr beleuchtete Traur-Gerüst, so viele anwesende in Höchster Klag gehende Hohe Ordens-Ritter, und Dicasteria, so viel weinende treue Unterthanen, mit einem Wort: *Ploratus, & ululatus multus* –Matth., 2. c., 18. v.[47] Viel Weinens, und Heulens! Du, du eiligst eindringender Todt bist der Urheber aller Betrübnuß; du der Zerstöhrer aller unserer zeitlichen Hoffnung, Freud, und Vergnügenheit!

Wohin verleithet mich aber der Schmertz, und daher entstandene Verwirrung? Hochwürdig, Gnädig, Hoch-ansehnliche Zuhörer! Was klage ich den unschuldigen Todt an? *A Domino factum est istud.* – Ps. 117. Dies hat der grosse GOtt gethan, Der Herr über Leben und Todt; dieser Allwissende GOtt hat Sr. Churfürstlichen Durchleucht die Zahl, und das Ziel der Tägen, und Jahren gesetzet, welches Sie nicht überschreiten kunten. < > Es ware also der Göttliche Willen, den wir anbetten, das Verhängnuß des Himmels, dem wir uns in tiefster Demuth fügen, folgsam unser Betrübnuß um so billig- und vernünfftiger mäßigen müssen.

Und wie? Hochansehnliche! Wie? wann ich mich bemühe zu noch mehrerem Trost und Heylung unserer Wunden, in vorhabender Anred zu zeigen, daß, ob zwar Unser Gnädigste Herr, und mildeste Landes-Vatter würcklichen die allgemeine Schuld der Natur bezahlet, und den 6ten Februarii Abends gegen 5 Uhr nach andächtig- und auferbäulichst empfangenen Heil. Sacramenten, und vollkommener

---

[47] »Auf dem Gebirge hat man ein Geschrei gehört, viel Klagens, Weinens und Heulens; Rahel beweinte ihre Kinder und wollte sich nicht trösten lassen, denn es war aus mit ihnen.«

Ergebung in den Göttlichen Willen zu Ehrenbreitstein in Sr. Churfürstlichen Gnaden von Trier Hof-Lager seelig im HErrn entschlaffen,
Höchst-Dieselbe dannoch wiederum leben. Hören sie nur den Poëten
singen Antonium Baronium[48]:

Virtus post fata superstes:
Die Tugend überlebet alles:
Durat, & ad Coelum praevia pandit iter.
Die Tugend daurt Ewig, sie gehet voran, und bahnt den Weeg
zum Himmel.
Post cineres Virtus vivere sola facit.
Sie allein erhaltet das Leben nach dem Todt. < >

Vortrag und Abtheilung.

Und wird dieses wird seyn der Innhalt der heutigen nicht
mehr Trauer- sondern Lob-Predig, werde also im ersten Theil zeigen,
daß Clemens August annoch lebe unter denen Menschen in unsterblicher Gedächtnuß seiner Tugenden. Im zweyten Theil aber, daß Er
annoch lebe, und zwar in anhoffender unsterblichen Himmlischen
Glory bey GOtt dem freygebigsten Belohner deren Tugenden; Mithin
bleibet der vorangesetzte Titul meiner Predig, Das Glorreichste Leben
nach dem Todt; und ich hoffe nicht durch die Krafft einiger Redseelig-
keit, sondern durch die Wahrheit und Grösse der Tugenden eine
völlige Aufmercksamkeit zu gewinnen.
In saeculum memoria ejus in benedictione.
1. Mach., 3. c.
Sein Gedächtnuß wird ewig in Seegen bleiben.

---

[48] Antonio Barone, ein Jesuit um 1700, weiter nichts bekannt.

145

Erster Theil.

Einen Grossen Fürsten zu erkennen, und die Grundveste seiner hohen Eigenschafften zu haben, ist mehr nicht nöthig, als wissen: *qua sit origine natus* {Horat[ius], Lib. 4, Od. 4.} Von was für einem Haus, von was für Eltern, und Vor-Eltern Er entsprossen seye; nemlich, Wie abermahlen Horat. *l. c.*: *Fortes creantur fortibus*: Riesen zeigen keine Zwergen, Adler brüten keine Tauben aus, Löwen kommen von Löwen her. Wer weist jetzt nicht, daß Unser Gnädigster Herr hergestammet aus einem deren Durchleuchtigsten Häusern, aus dem Chur-Haus Bayern, allwo die Macht, die Tapferkeit und Frömmigkeit sich also verewigen, daß dessen Glory mit der Zeit keines weegs veraltet. Aus Selbigem seynd König und Kayser abgestammet, hingegen < > Kayserinnen und Königinnen seynd in selbigs eingegangen. Wie viele Jahr-Hundert müste man nicht durchgehen um dessen Ursprung zu entdecken? Wie viele Cronen müsse man nicht miteinander vereinigen, um eheliche Verbindungen abzuzehlen? Und wie viel Nahmen, und Herrliche Thaten müsse man nicht herbeybringen, damit man selbiges in seiner völligen Herrlichkeit vorstellen könnte.

Eines ist gleichwohlen einer besonderen Anmerckung würdig als ein ausnehmendes Vorrecht und sonders vorschimmerender Glantz, daß Dieses Durchleuchtigste Maus bis hieher sich allzeit mit vorzüglichen und nie gnugsam zu belobenden Eyffer und Standhafftigkett bey der Heil. Catholischen Religion erhalten habe.

Bey eben dieser ausserordentlichen Zierde seye mir erlaubt, mich ein wenig aufzuhalten und der Sachen etwas nähers beyzugehen. Warumen doch bey diesem Durchleuchtigsten Haus vor anderen in Teutschland die Heil. Religion bis auf unsere Zeit-Läufften sich so unversehrt erhalten habe? Ich lese in dem 3ten Buch der Königen am 7ten Cap. welcher gestalten der weiseste König Salomon im

146

Vorhoff des Tempels 2 Säulen[49] aufgerichtet, derer eine er *Jachin*, die andere aber *Booz* benahmset. *Jachin* wird verdolmetschet: *Confirmet* – Es bestättige; *Booz* aber *fortitudo* – die Stärcke, als wollte Salomon damit sagen: Die Stärcke GOttes bewahre und bestättige, bevestige dieses Haus.

Auch 2 dergleichen Säulen finde ich in dem Durchleuchtigsten Chur-Haus. worauf sich solches, und die Heil. Religion fusset, und sich würcklich und in der That schon erwahret, was Salomon gewunschen: *Fortitudo Dei confirmat Domum hanc.* – Die Stärcke GOttes bestättiget und befestiget dieses Haus, und zwar erstlich durch eine gantz ungemein Andacht zur Jungfräulichen Gottes-Mutter Mariam wie Welt-kündig: dann durch die dem Haus Bayern ebenfalls eigene Fürst-mildeste Barmhertzigkett und Liebe gegen die Arme. < > Zeugen des ersteren seynd die Bayern gleichsam umzinglende Wallfahrten, und Marianische Gnaden-Orth, welche wie aufs andächtigste besucht, also auch mit Fürstlicher Freygebigkeit beschencket und gezieret werden: Alten-Oetting, Bogenberg, Duntenhausen, Ethal und andere mehr.

Zeug dessen ist die mitten in der Residentz-Stadt München von Marmor aufgeführte, und die darauf von Ertz gegossene und im Feuer vergoldete Bildnuß Mariae, an dessen Postimente gegen Aufgang folgende denckwürdige Wort eingegraben stehen:

D. O. M. Virgini Deiparae, Bojariae Dominae Clementissimae, Protectrici potentissimae, ob Patriam, Urbes, Exercitus, se ipsum, Domum & Spes suas servata.

Gegen Untergang.

---

[49] 1. Kön. 7,21: »Und er richtete die Säulen auf vor der Vorhalle des Tempels; die er zur rechten Hand setzte, nannte er Jachin, und die er zur linken Hand setzte, nannte er Boas.«

*Hoc perenne ad Posteros monumentum Maximilianus Com[es]
Pal[atinus] Rhen[i] &c. Clientum infimus, gratus supplex pos[uit] 1638.*
Zu Teutsch:

Dem allerhöchsten und gütigsten GOtt, der Jungfräulichen
Gottes-Gebährerin, des Bayerlands allergnädigsten Frauen, mächtigsten Beschützerin, wegen erhaltenen Vatterland, Städten, Kriegs-Heeren, seiner selbst, seinem Haus und aller seiner Hoffnung hat dieses
der Nachwelt zum ewigen Denckzeigen Maximilianus Pfaltz-Graf bey
Rhein, in Ober- und Nieder-Bayern Hertzog etc. etc. aus dero verpflichteten Dieneren der mindeste < > danckbarlich und demüthigst
aufrichten und setzen wollen im Jahr 1638. Was kunte schöners seyn?

Von der Bayerischen Barmhertzigkeit hingegen reden so viele
Hospitäler, Armen, und Waisen-Häuser, so viel, und so gut darinnen
verpflegte Pfründtere, so viele reiche Stifftungen, so ansehnliche jähr-
und tägliche Allmosen.

Auf diesen zweyen Säulen, Durchleuchtigstes Chur-Haus! ist
Deine Glückseeligkeit und die Heil. Religion bestens fundiret und gegründet. Noch eines: von beyden Salomonischen Säulen meldet noch
der Text: v. 22: Und er hat auf die Häupter oder Capitäler der Saulen
das Werck, so einer Lilien gleich war, gesetzet, also ward das Werck
der Saulen vollkommen, und vollendet. Wissen Sie Hochansehnliche!
was auch an denen Bayerischen Säulen für ein Lilien-Werck der Bayerische Salomon Carl Albert im Jahr 1729 erst aufgesetzet? daß nehmlich dieses Chur-Haus auf sich genommen, die Unbefleckte Empfängnuß Mariae auf das eyffrigste zu verthätigen und deßwegen einen
neuen S. Georgii-Ritter-Orden aufgerichtet habe. *Opus perfectum*, dies
ist freylich der becrönte Gipffel Bayerischer Gottseeligkeit, und Kindlicher Liebe zur Jungfräulichen GOttes Mutter Mariam.

Wohin aber alles dieses Hochansehnliche? zu nichts anders,
als zum unverwerfflichen Beweiß, daß, gleichwie Unser theureste

Fürst, und Herr aus diesem Uralten Ertz-Catholischen gantz Marianischen Chur-Haus entsprossen. also auch Höchst-Dieselbe mit dem
Fürsten-Blut die Hohe Bayerische Tugenden geerbet, und sich eigen
< > gemacht haben. Dieses wäre auch der reitzende Schimmer, wel-
cher so vielen Hohen Stifftern in die Augen gefallen, so, daß sie sich
auf den Ausspruch des Völcker-Lehrers Pauli steiffend: *Si delibatio
facta, & massa: & si radix sancta, & rami* {Röm., Cap. 11, v.16} – Ist der
Anbruch heilig, so ist auch der Teig heilig, und wann die Wurtzel heilig, so seynd auch die Zweig heilig. Ohnangesehen der Jugend hat
Münster den 26ten, Paderborn den 27ten Martii 1719 Ihro Durchleucht
Inful und Staab; Cölln den 9ten Maji 1722 das Coadjutorat, und gleich
das Jahr darauf das Ertz-Bischöffliche Creutz, und Chur-Huth, wie
nicht weniger Hildesheim den 8ten Februarii 1724, Osnabrück aber
den 4ten Novembris 1728 die Bischöffliche Würde und Gewalt, und
endlichen der Hohe Marianische Teutsche Ritter-Orden den 17ten 1732
das Hoch- und Teutsch-Meisterthum mit so vielem Vertrauen an- und
aufgetragen, als sämtliche hernach in Wahrheit gefunden, daß Ihre
Wahl wohl und glücklich ausgefallen, und Sie an CLEMENTE AU-
GUSTO ein würdigstes Ober-Haupt, Huldreichesten Vatter, und Gnädigsten Fürsten erfahren haben.

Will ich nun von diesem überhaupt angezeigten Entwurff
weiters fortgehen, und sonderheitlich die Preiswürdigste Eigenschaf-
ten und Hohe Tugenden anführen, so habe ich keinen besseren
Grund und statthafftere Prob, als den allgemeinen Ruff und das si-
cherste Gezeugnuß aller derer, die die Gnad hatten bey Ihro Churfürstlichen Durchleucht nahezu seyn, und von Dero Beyspiel erbauet
zu werden. Sie wissen anzurühmen eine genaue Gerechtigkeit, GOtt,
dem Nächsten, und Sich selbsten das Seinige zukommen zu lassen,
und eine mitleydige Zärtigkeit, beede in < > so hohen Grad, daß jene
allgemein, und in geringsten Dingen, wie in grösten, diese aber bis

auf den grösten Ubelthäter, wann er nur nicht Menschen-Blut vergossen, sich erstreckte. An dem letzten Lebens-Tag haben Höchst Dieselbe einem zum Todt verdammten Uebelthäter bey Ihro Churfürstl. Gnaden von Trier annoch das Leben erbetten.

Eine Majestätische Ernsthafftigkeit, und eine Liebreitzende Leuthseeligkeit. Wer ist, dem Höchst-Dieselbe nicht die Gnädigste Gehör-Willfährigkeit ertheilet, und freyen Zutritt zu Dero Gnädigen Ansprach verstattet?

Groß in Ehren und Würden, doch ohne Hochmuth; Ja Clemens August hatte Zeit Lebens zur Grundveste Dero Tugenden gelegt die Demuth in Worten, Gebärden und Wercken, und wann Sie jemand gesehen, der aus Ehrforcht vor Ihnen erzittert, den haben Sie desto holdseeliger angesehen, und angeredet.

Vielfältig in Widerwärtigkeit, aber starckmüthig, und standhafft, sonderheitlichen bey andaurenden Kriegs-Troublen, wo Dero Land und Leuth von Freund, und Feind sehr hart mitgenommen wurden; Ihro eintziger Trost-Spruch soll gewesen seyn: Ich vertraue auf GOtt.

Sie preysen an eine recht tugendliche Mäßigkeit besonders im Tranck, wie sie dann den Wein mehrist mit Wasser vermischt getruncken, und wöchentlich 3 Tag sich alles Weins gäntzlich zu enthalten pflegten, < > hingegen aller Unmäßigkeit bey anderen auch durch geschärpffte Befehl vorzubeugen wusten.

So ist nun auch kein Geheimnuß mehr, Daß Ihro Churfürstliche Durchleucht, ohngeachtet Höchst-Dieselbe für so viele Hoch-Stiffter, Land, und Unterthanen zu sorgen hatten, annoch Dero eigenes Seelen-Heyl niemahlen ausser Acht gelassen, sondern mehrmahlen bey denen Vättern des Capuciner-Ordens der Geistlichen Gemüths-Versammlung und Andachts-Übung durch acht gantze Tag obgelegen, in deren Wohnung nur mit einem Bedienten geschlaffen,

mit Ihnen gespeiset, samt Ihnen den gantzen Tag dem Chor und Gottes-Dienst beygewohnet, auch mit selbigen im Tag zwey Stunden lang
Betrachtung gehalten.

Daß Höchst-Dieselbe in der 40tägigen Heil. Fasten-Zeit alle
Freytäg die *Stationes* in geheim auf den Creutz-Berg nächst Poppels-
dorff gehalten, und Ihr Gebett aufs eyffrigste verrichtet.

Wo die Anbettung des Hochwürdigsten Guts in einer Kirchen
gehalten worden, haben Clemens August das Hochwürdigste Altars-
Geheimnuß andächtigst besuchet, und selbiges im Geist und Wahrheit als ein wahrer Anbetter verehret, selbigem auch die herrlichste
processiones gewidmet, und diesen in Höchster Person zu jedermanns
Erbauung beygewohnet, auch besondere Andachts-Feyerlichkeiten
mit Dero höchsten Gegenwart gezieret. Hochansehnliche! Seynd dieses nicht die schönste Früchten angestammter Gottseeligkeiten Unseres Durchleuchtigsten Fürsten, und < > Herrn? Seynd dieses nicht so
heilige Übungen, welche in der Gedächtnuß deren Sterblichen
niemahlen ersterben werden?

Belieben sie aber, Hochansehnliche! dahin ihre Gedancken zu
richten, und an Clement August zu bewunderen. was ich anfänglich
als besondere vom Durchleuchtigsten Stammen-Haus geerbte, und
auf eine ausserordentliche Weis Demselben eigene Tugenden ange-
rühmt, nehmlich auf die ungemeine Andacht zur übergebenedeytesten Mutter und Jungfrauen Mariam. Ich beruffe mich diesfalls wiederum auf die That selbst, und die Erfahrnuß, so Höchst-Denenselben
das Wort reden, wann ich auch gleich schweigen wollte.

Wem ist unbekannt, daß dieser Liebling Mariae die Gnädigste
Verordnung zu machen geruhet, wie dahier in der Mariae-Hülff-Ca-
pellen an denen Mariae-Festen, deren Vor-Abenden und allen
Sambstägen das Jahr hindurch die gewöhnliche Lauretanische Litaney mit Aussetzung des Hochwürdigsten Guts gehalten werden solle?

Wem andern als CLEMENTO AUGUSTO hat daselbigstes
Gnaden-Bild die neue kostbare verguldte, und mit silbernen Zier-
rathen verfertigte Rahmen zu verdancken, als worzu Höchst-Dieselbe
1,000 Rthlr. mildest angeschafft haben?

Wer weist nicht, daß Sie öffters in Dero Anweesenheit in er-
sagter Gnaden-Capellen dem Heil. Meß-Opffer und anderen Andachten auferbäulichst beygewohnt? Wie offt haben Sie zu Alten-Oettin-
gen, Bornhofen, Kevelas, Altenhofen Mariam heimgesuchet, < > und
da und dorten stattliche Denckmahlen Marianischer Lieb, und Andacht hinterlassen? Wie Sie dann in Dero letzteren Reis nacher Rom
zu Loretto auch die Gnaden-Capellen besuchet, Mariam andächtigst
allda verehret, und reichlich beschenktet haben.

Weist es nicht der gantze Hoff, daß alle vor-Abenden deren
Festtägen Mariae Höchst-Dieselbe nicht nur selbsten gefastet, sondern auch Gnädigst gewollt, daß der gantze Hoff diese Fasttäg halten
sollte? Daß Sie alle Sambstäg drey H[eilige] Messen gehört, und unter
denenselbendcn Heil. Rosencrantz gebettet? Daß Sie auch auf der
Reiß, wo Selbe dem H. Meß-Opffer beywohnten, die Priester ersuchet
nach vollendeter H. Meß die Lauretanische Litaney zu betten, welches
Sie nicht umsonst thaten. Heisset dieses nicht auf gut Bayerisch Mariae der übergebenedeytesten Himmels-Königin devot, und eyffrigst
ergeben seyn?

Anjetzo zur anderen dem Chur-Haus Bayern eigenen Tugend
der mildesten Freygebigkeit, und Güte. So wohl Geistliche, als Weltliche seynd mir Zeugen, daß S[ein]e Churfürstliche Durchleucht gegen jedermann sich huldreichst aufgeführet. und jährlich ein Nahm-
hafftes auf Fürst-Mildeste Art verwendet haben. Ihr Wohl-Ehrwürdige Vätter des H. Francisci Ordens dahier zu Mergentheim, Ihr werdet es wissen in Euren Jahr-Büchern mit unauslöschlichen Buchstaben
anzumercken, und mit danckbarestem Andencken zu verewigen,

was Lieb, Gnad und Gutthat Ihr und Euer Convent dahier von Clement August in gehäuffter Maaß empfangen habt, und Euere Brüder zu Bonn werden gleiche Schuldigkeit erkennen, < > da Clement August nicht nur dahier Eure Zahl, und für dieselbe den Unterhalt vermehrt, Euer Closter erweitert, und gezieret, sondern auch jenen zu Bonn das abgebrannte Closter von Grund aus neu erbauet, immittelst aber Ihnen in Seinem eigenem Pallast nicht nur die Wohnung für Sie, sondern auch Seine eigene Hoff-Capellen für Ihren GOttes-Dienst eingeraumt, und den Unterhalt lange Zeit aus eigenem freygebigsten Kösten-Anwand Gnädigst verschaffet.

Auch Ihr wohl-Ehrwürdige Patres ebenfalls S. Francisci Ordens zu Münster! Eure Kirch, und Ihr P[atres] Missionarii zu Clemens-Werd, Eure schöne Kirchen nebst fundierten Lebens-Subsistentz habt Ihrs nicht der Churfürstlichen Clementz zu verdancken? Ist nicht Clemens August der Huldreiche Stiffter Eurer Wunderschönen Capellen, und daselbst errichteten Heil. Stiegen, Ehrwürdige Vätter der strengeren Ordens-Beobachtung zu Brühl! Habt Ihr nicht an Eurer Kirchen und Closter ein ewiges Denck- und Danckmahl?

Was höre ich gähling für ein wehemüthiges Seufftzen, Heulen, Jammern, und Klagen? Ich sehe gantze Schaaren allerley Geschlechts und Alters die Hand gegen Himmel aufheben! Wo fehlt es? Was ist die Ursach eurer Thränen, eurer Untröstlichkeit? Ach! ach! Clemens August ist uns entzogen, antworten sie, nehmlich arme Wittwen und Waisen, Unser Fürsichtige, Mitleydige, Liebreiche Brod-Vatter ist gestorben, die Gnaden-Quell stehet versiegen, die Gnaden-Gehalt hören < > auf, und wir sollen nicht klagen, heulen, und weinen? Wo werden nur führohin den nöthigen Unterhalt hernehmen? Wer wird fernerhin für unsere Kleydung sorgen, wann Clemens August nicht mehr sorget? Seyd getröstet ihr Arme, nothleydende betrübte Seelen, wisset ihr nicht, was der ewige Sohn GOttes bey Matth.

153

am 6ten Cap. 31ten v[ers] sagt: *Nolite ergo solliciti esse dicentes, quid manducabimus, aut quid bibemus, aut quo operiemur?* – Seynd nicht sogfältig sagend: Was sollen wir essen, oder was sollen wir trincken, oder womit sollen wir uns bekleyden? Dann der Vatter, der im Himmel ist, weist, daß ihr dieses alles bedärfft, Er wird schon für euch sorgen; Er wird sicherlich an dem Hochwürdigsten Nachfolger in der Regierung auch einen Nachfolger in der Barmhertzigkeit zu bestellen wissen. Aber eines bekennet mir, habt ihr nicht bishero die ausserordentliche Gnaden Clementis Augusti danckbarlich erkennet? habt ihr nicht zum ewigen Andencken wenigst euren Hertzen und Gedächtnuß einverleibet. daß Clemens August auf euren Unterhalt jährlich über 80,000 Rthlr. verwendet? weniger könt ihr nicht thun, als die empfangene Gnaden und Gutthaten mit einem ewigen danckbarlichen Andencken zu vergelten. Ja ja Clemens August wird in denen Jahr-Büchern, in denen danckbaren Hertzen der Menschen nicht ersterben, sondern Sein Gedächtnuß wird ewig in Seegen bleiben. < > Wer sollte nun einem solchen Tugendlichen Fürsten das Leben absprechen, welches allbereit Er, wie wir sicherlich hoffen können, bey GOtt in dem Himmel genießet? Nur dieses allein, daß Er ein andächtigster Diener, ja Sohn Mariae, und ein barmhertziger Vatter der Armen gewesen, ist schon gnug, und hinreichend Ihn des ewigen Lebens zu versichern, wie das zeigen wird

Der Zweyte Theil.

Ich weiß gar wohl, daß die Christ-Catholische Kirch, als welche den Werth und die Krafft es kostbaresten Bluts JESU Christi gar wohl verstehet, niemahlen an dem Heyl derjenigen einen Zweiffel trage, welche in ihrem Glauben, und dem Gebrauch der HH. Sacramenten gestorben. Ich weiß, daß, ob zwar vor GOtt kein Unterschied des Stands, oder der Person ist, und seine Fürsichtigkeit über alle Menschen ohne Ausnahm wachet, Er dannoch {wie die Schrifft lehret} über jene ein sonderbare Sorg trage, die er auf den Thron erhebet, und an die Spitze seines Volcks setzet. Ich behaupte endlich, daß so viele Tugend Unser Durchleuchtigste Churfürst ausgeübet, so viel Ursach haben wir auf die Göttliche Güte zu hoffen, welche diejenige belohnet, die sie zu ihren Dienst berufset. Diesem allem aber will ich nichts benommen haben, wann ich noch zum Ueberfluß aus dem vorhergehenden in diesem meinen Gedancken vest setze, daß Clemens August sich ein besonderes Zeichen Göttlicher Gnaden-Wahl zugelegt habe durch die gantz kindliche Macht zur Gnaden-vollen Jungfräulichen Gottes-Mutter Mariam. < > Von Maria schreibet der Heil. Bernardus de verb. Apost.: *Omnibus omnia facta, sapientibus, & insipientibus, copiosissima Charitate debitricem se fecit.* – Daß sie allen alles worden, und sich durch überhäuffige Liebe zur Schuldnerin gemachet hab so wohl denen Weisen, als denen Thoren, Sie öffne allen den Gnadenvollen Busen ihrer mütterlichen Barmhertzigkeit, damit alle von Ihrer Gnaden-Völle empfangen mögen. *Justus gratiam, peccator veniam* – der Auserwähltc die Gnad, der Sünder aber Verzeyhung. Maria auserwählt wie die Sonn macht es diesfalls dem Himmlischen Vatter nach, welcher seine Sonn aufgehen lasset über Gerechte und Ungerechte. *Omnibus omnia facta.* Sie ist allen alles worden.

Wann jetzt aber Maria so huldreich ist, und sich eine barmhertzige Mutter erweiset denen Sündern, sowohl als denen Gerechten, allen ihre Gnaden ausspendet, für aller Menschen ewiges Heyl Sorg traget, überhaupt ohne Ausnahm und Unterschied, O! mit was guten Grund kan und darff ich sagen, Maria seye auf eine ausnehmende Weis eine Mutter, ein liebreichere Gnaden-Mutter denen, welche sie recht kindlich lieben, mit besonderer Andacht verehren, und Ihro Ehr mit rechtem Eyfer befördern?

Von Rebecca der Ehefrauen des Patriarchen Isaac meldet der Göttliche Text, daß sie sich für < > ihren Sohn den Jacob alle Mühe gegeben habe, bis sie demselben den vätterlichen Seegen zuwegen gebracht, die Lieb, so Jacob ihr erwiesen, die Ehr, so er ihr bezeigt, der gute Willen, mit welchen Jacob seiner Mutter alles nur immer gefälliges gethan, verleithete Rebeccam zur mütterlichen Gegen-Lieb, aus welcher dann die grosse Sorgfalt um den vätterlichen Seegen für den Jacob herrührte. *Ecce plus quam Rebecca hic* – Sehet jetzt an Maria eine weit bessere Mutter! *Ego*, sagt sie Prov. 8. Cap., 17 v. *Ego diligentes me diligo* – Ich liebe die mich lieben, und die Morgens früh zu mir wachen, die werden mich finden, wer mich aber findet, der wird das Leben finden, und Heyl schöpffen vom HErrn.

Wer will nun zweifflen, ob nach angestammter, und bis in Todt fortgesetzten Lieb und Andacht zu Mariam Unser Gnädigste Fürst und Herr an Maria nicht die bestmeynende Rebeccam erfahren, und den Seegen, das Leben und Heyl von GOtt erhalten habe? Wer will zweifflen, ob Maria ihren liebenden Jacob Clement August nicht wieder geliebt, und da Derselbe Mariam an so vielen Gnaden-Orten mit besonderer Andachts-Übung, eyffriger Verehrung, und reichlichster Beschenckung gefunden, werde Er auch das Leben gefunden, und mittelst Ihres Verdienstes und Mütterlichen Vorspruchs das Heyl vom HErrn ihrem Göttlichen Sohn geschöpfft und erhalten haben? O Nein: Maria lasset Ihr nichts umsonst, und unvergolten thun. Und Hochansehnliche! Was hätte wenigst Maria ihrem andächtigen Sohn < > Clementi Augusto weniger, zugleich aber ihrer mütterlichen Barmhertzigkeit anständigeres, und leichter thun können, als Ihm ein glückseliges Sterbstündlein bey ihrem Göttlichen Sohn erbitten, welches Höchst-Dieselbe Ihr alltäg- und stündlich so andächtig anempfohlen, und so inständig darum gebetten hatten? Welches dann auch allen sicheren Berichten nach also beschaffen gewesen, und glückseelig ausgefallen; glückseelig aber sterben, und ein ewiges Leben in GOtt anfangen, ist dies nicht eines?

Von der Barmhertzigkeit gegen die Arme ertheilet uns der Heil. Kirchen-Vatter Hyeronimus in Epist. gleichfals ein vertrauliches Anhoffen: *Legi*, schreibet er, *Legi, relegi, non inveni mala morte mortuum, qui exercuit opera misericordiae.* – Ich hab viel gelesen und abermahlen nachforschend gelesen, aber nirgend wo einen gefunden, der eines üblen Todts gestorben wäre, und hätte zuvor die Werck der Barmhertzigkeit geübet. Ja der H. Augustinus in Ps. 102 behauptet, daß die Barmhertzigkeit der Wagen seye, in Himmel zu fahren: Seine Wort lauten also: *Exercenda est in egenos misericordia, nec est aliud vehiculum ad Coelum.* – Lasset uns Barmhertzigkeit denen Armen erweisen, dann es ist sonst kein Wagen zum Himmel.

Eben dieser H. Vatter, nachdem er uns den Wagen entdecket, deutet er auch auf den Weeg des Himmels, und sagt: *Via Coeli est pauper, incipe erogare, si non vis errare.* – Die gebahnte Straß zur < > himmlischen Glory seynd die Arme, eyle demnach diesen zu helffen, damit du nicht irr gehest.

O wie glückseelig wird demnach der Todt Clementis Augusti gewesen seyn? wie sicher der Weeg! wie herrlich der Triumph-Wagen! indem Sein Lebens-Wandel eine immerwährende Barmhertzigkeit war. Wer sollt sich also nicht erfreuen, wann Höchst-Derselbe denenjenigen in der ewigen Freud zugesellet ist, welche Christus JESUS unser alleiniger Seeligmacher noch auf Erden canoniziret, und seelig gesprochen hat Matth., Cap. 5, v.7: *Beati misericordes, quoniam ipsi misercordiam consequentur.* – Selig die da barmhertzig seynd, dann sie werden Barmhertzigkeit erlangen, und zwar in voll-gedruckter und gerüttelter und überflüßiger Maaß: *mensuram bonam et confertam*, Das ist Eine Maaß mit grossem Vortheil und reichen Gewinn, welche nemlich die ewige Wahrheit schon in denen Sprüchwörtern

157

Salomonis am 19. Cap., 17.v. aufgesetzt versprechend: *Foeneratur Domino, qui miseretur pauperis, & vicissitudinem suam reddet.* – Wer sich
über den Armen erbarmet, der leihet dem HErrn auf Gewinn: und er
wird ihm seinen Lohn wiederum vergelten. Noch allzeit, singet der
gecrönte Prophet Psalm. 68: *Exaudivit pauperes Dominus.* – Noch allzeit hat GOtt der Herr die Arme < > erhöret, Die da so fleißig werden
geruffen haben zu IHM: *Retribuere dignare* etc. – Vergelte es O Herr!
unserem gröstem Gutthäter mit dem ewigen Leben. O was herrliche
Reichthümer und Schätz hat Ihm nicht gesammlet der in GOtt lebende
Durchleuchtigste Herr mit Seiner so grossen Freygebigkeit und Heiligen Wucher? nunmehro aber ist die Zeit gekommen, daß Er zugleich
das Capital samt angewachsenen Interesse einnehme. Ja ja es bleibt
schon bey dem vorausgesetzten Thema: In Saeculum memoria ejus in
benedictione. – Die Gedächtnuß Clementis Augusti wird ewig bleiben.

Beschluß.

Also ist es Hochansehnliche! ob gleich Clemens August uns
durch einen unvermutheten Todt nach dem Willen und Verhängnuß
des Himmels entrissen worden, lebt Er dannoch in seinen Preiswür-
digsten Eigenschafften, und hohen Tugenden, Er lebt dem Durchleuchtigsten Chur-Haus Bayern, aus dem Er entsprossen zum immer-
während Ruhm und Ehr, dem Heiligen Römischen Reich, bey dem
Derselbe die höchste Würde eines Geistlichen Churfürsten begleitet,
der Heil. Kölnischen Kirchen, und Apostolischen Stuhl, gegen welche
Er sich jederzeit devot, und ehrenbiethig bezeiget, Er lebt noch so vielen Hoch-Stifftern, denen Er löblichst vorgestanden, dem Hohen
Teutschen Ritter-Orden, dessen Gerechtsame Er nach Möglichkeit ge-
handhabet, und dessen Ehr und Ansehen Ihme allzeit ein besonderes

< > Augenmerck ware. Er lebt in denen Jahr-Büchern, in denen Hert-
zen und Andencken seiner getreüen Unterthanen, in denen danckbaren Gemüthern deren Armen; mit einem Wort: Clemens August lebt
annoch bey denen Menschen in unsterblicher Gedächtnuß seiner Tugenden, wie der erste Theil erwiesen. Clemens August lebt in anzu-
hoffender unsterblichen Glory bey GOtt, und geniesset die Früchten
seiner Tugenden, seiner Lieb und Andacht zu Mariam, seiner Barm-
hertzig- und Freygebigkeit gegen denen Armen, wie der zweyte Theil
gezeiget; Uns ist also nichts übrig, als daß wir Ihme wegen diesen
zweyfachen Leben Glück wünschen, und uns nach dessen herrlichen
Beyspiel fernerhin um so mehreres der löblichsten Tugenden beflei-
ßigen sollen, damit auch jetzt, und nach unserem Todt unser Gedächtnuß bey denen Menschen ewig in Seegen bleibe, und wir in GOtt ewig
glückseelig leben mögen.

AMEN.

1961 M. Braubach: „Kurfürst Clemens August"[50]

Leben und Bedeutung

[...] Es stellte sich heraus, daß hinter diesen guten Vorsätzen kein fester Charakter und kein klarer Geist stand, daß er weder die Kraft zur Entsagung noch die Fähigkeit zur richtigen Erkenntnis der Dinge besaß, daß er im Grunde ein labiler, schwankender, unsicherer Mensch war, hin und her geworfen zwischen Stimmungen der verschiedensten Art, zwischen stolzen Gefühlen der eigenen Größe und verzweifelten Empfindungen der eigenen Unzulänglichkeit, zwischen einer oft hektisch anmutenden Lebensbejahung und schwärzester Melancholie, leicht zu gewinnen und ebenso leicht wieder zu verlieren, einmal zugänglich und hingebend, dann wieder eigensinnig und mißtrauisch — alles in allem also ein Mann, der weder die sittliche Eignung für das verantwortungsvolle Amt des Oberhirten vieler Diözesen noch politische Einsicht und staatsmännische Befähigung besaß. [...]

Der schwache Mensch und schlechte Politiker war ein Grandseigneur in seinem Auftreten, ein großzügiger Mäzen für alle Sparten der Kunst. In dem kurkölnischen Hof hat damals das Beispiel des vielbewunderten französischen Sonnenkönigs wohl die vollendetste Nachahmung auf deutschem Boden gefunden. Die in jedem Jahre in deutscher und französischer Ausgabe erscheinenden Hofkalender geben uns eine Vorstellung von Aufwand und Glanz, die ihn umgaben, von seiner Freude an einer Repräsentation seiner Würde, die doch selbst in Zeiten finanzieller Krisen und persönlicher Depressionen unerschütterlich gewahrt wurde. Da begegnen uns die Namen von adeligen Herren aus ganz Europa, die dem von seinem Vorgänger

---

[50] Fundstelle: (Augustusburg, 1961 S. 17 ff)

160

gestifteten Sankt-Michaelsorden angehörten, da finden wir die Listen zahlreicher Kämmerer und wir lernen die Stäbe der großen Hofämter unter dem Obristhofmeister, dem Obristkämmerer, dem Obristmarschall, dem Obriststallmeister, dem Obristküchenmeister, dem Obristsilberkämmerer, dem Obristfalkenmeister kennen mit vielen Funktionären bis herab zu den Heiducken und Hatschieren, Trabanten und Lakaien. Für die Jagd waren allein im kölnischen Land 122 Personen beschäftigt, in der Küche gab es 7 kurfürstliche Mundköche, denen Zubereiter aller Art, so etwa ein besonderer Hühnerpflücker, unterstanden. Um die Gesundheit des Fürsten waren 6 Leibmedici besorgt, doch zog er ihnen oft den Judendoktor Wolff vor.

1761 Clemens August auf dem Totenbett

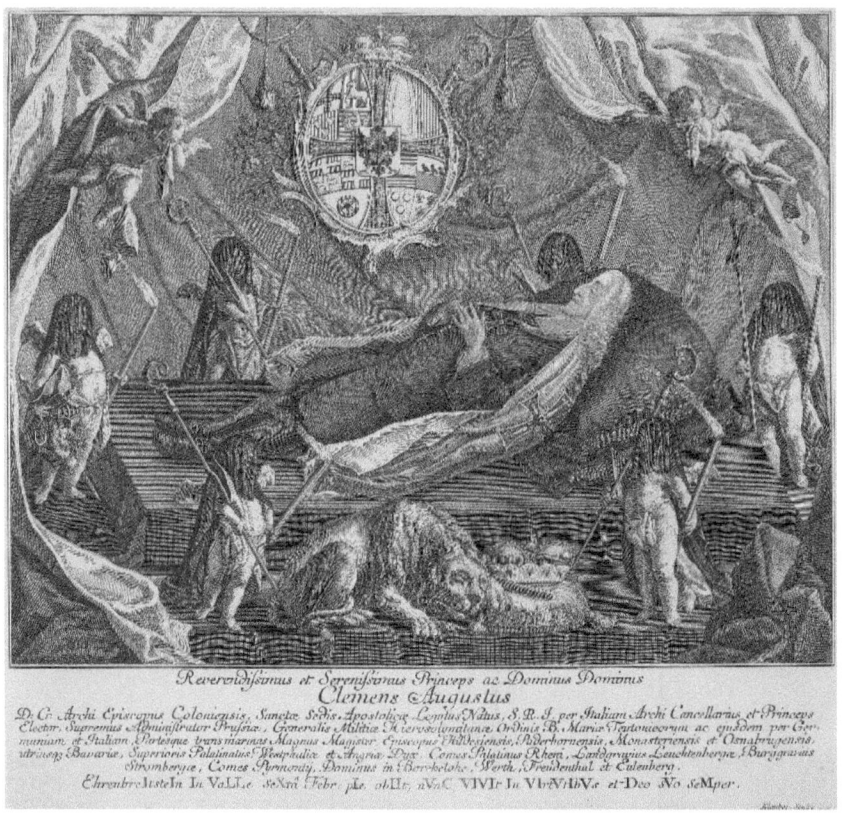

Abbildung 1: CA auf dem Totenbett

Reverendissimus et Serenissimus Princeps ac Dominus Dominus
Clemens Augustus
D[ei] G[ratia] Archi Episcopus Coloniensis, Sanc-
tae sedis Apostolicus Legatus natus, S[acri]

I[mperii] R[omani] per Italiam Archi Cancellarius
et princeps Elector [...]
EhrenbreItsteIn In VaLLe seXta Febr. pIe obIIt
nVnC VIVIt iI VIrtVtIbVs et Deo sVo seMper.
I I I V L L X I I I V C V I V I I V I V I V D V M =
1761

„Auf zweistufigem Aufbau der Kurfürst im Deutschordens-
mantel aufgebahrt, umgeben von sechs verschleierten, fackeltra-
genden Putten, von denen vier Bischofsstäbe halten (Paderborn,
Münster, Hildesheim und Osnabrück), einer den Kreuzstab (Erz-
bistum Köln) und einer Degen, Helm und Deutschordenskreuz
(Hochmeisterinsignien) trägt. Auf der ersten Stufe ein schlafender
Löwe neben Kissen, Stab und Kurhut. Über dem Toten, zwischen
von trauernden Putten zurückgeschlagenen Vorhängen, das Wappen Clemens Augusts. Kupferstich von Klauber, Augsburg. Blatt-
größe ca. 28,2 x 29 cm." – Bild und Text nach (Venator & Hanstein,
2015 S. 139) mit freundlicher Genehmigung

Literaturverzeichnis

Augustusburg, Schloss, [Hrsg.]. 1961. *Kurfürst Clemens August. Landesherr und Mäzen des 18. Jahrhunderts. Ausstellung in Schloß Augustusburg zu Brühl.* Köln : DuMont Schauberg, 1961.

Bernfeldt, Nikolaus J. 1808. *Catalogi librorum ex bibliotheca electorali Coloniensi quae Bonnae fuit publica auctionis lege Hamburgi venundendorum.* Hamburg : Eckerman, 1808.

Boroviczeny, A. von. 1930. *Graf von Brühl.* Zürich/Leipzig/Wien : s.n., 1930.

Braubach, Max. 1949. *Kurköln.* Münster : Aschendorff, 1949.

—. 1976. Vom Westfälischen Frieden bis zum Wiener Kongreß (1648-1815). [Hrsg.] Petri/Droege. *Rheinische Geschichte, Band 2.* Düsseldorf : s.n., 1976, S. 219 ff.

Clement, Johannes Ulrich. 1761. *Klag- und Lob-Red auf Clemens August.* Mergentheim : Kauffmann, 1761.

Dohms, Peter. 1978. *Inventare der Schlösser zu Brühl.* Düsseldorf : s.n., 1978.

Einnahmen aus dem Verkauf des Porzellans, der Gemälde, Tische und Uhren. **Landesarchiv NRW, [Hrsg.]. 1764.** 1764. Kurköln II AA 007. Bd. 288.

Einnahmen aus dem verkauften Silberwerk. **Landesarchiv NRW, [Hrsg.]. 1764.** 1764. Kurköln II AA 007. Bd. 289.

Ennen, Edith. 1989. Die kurkölnische Haupt- und Residenzstadt in einem Jahrhundert der friedlichen und glanzvollen Entwicklung. [Hrsg.] Dietrich Höroldt.

Bonn als kurkölnische Haupt- und Residenzstadt 1597-1794. Bonn : Dümmler, 1989, S. 205 ff.

Feller, Francois-Xavier de. 1820. *Itineraire, ou voyages de M. l'Abbe Defeller en diverses parties de l'Europe, Tome second.* Paris/Lüttich : Delalain/Lemarie, 1820.

Flörken, Norbert, [Hrsg.]. 2020. *Chorographia Bonnensis des J.P.N.M. Vogel.* Bonn : BonnBuchVerlag, 2020.

—. 2016. *Die französischen Jahre in Bonn 1794-1814. Ein Lesebuch, 1. Auflage.* Bonn : Kid Verlag, 2016.

—. 2017. *Kurkölnische Landesmütter. Die Frauen der Kölner Erzbischöfe.* Norderstedt : Books on Demand, 2017.

Gehrlein, Thomas. 2013. *Die Herzöge und Kurfürsten von Bayern sowie die Kirchenfürsten von Köln und in Westfalen. 600 Jahre Gesamtgeschichte mit Stammfolge.* Mannheim : Kurpfalz-Verlag, 2013.

Gersmann/Langbrandtner, [Hrsg.]. 2009. *Adlige Lebenswelten im Rheinland.* Köln/Weimar/Wien : Böhlau, 2009.

Gruner, Ludwig. 1862. *Verzeichnis der im Königlichen Museum zu Dresden aufgestellten Original-Zeichnungen Alter und Neuer Meister.* Dresden : Meinhold, 1862.

Helmering, Bernhard SJ. 1761. *Leichen- und Lob-Rede [auf Clemens August].* Hildesheim : Schlegel, 1761.

Inventarisation, Taxation und Verkauf von Möbeln, 10.02.1765. **Landesarchiv NRW, [Hrsg.]. 1765.** 1765. Kurköln II AA 007. Bd. 283.

Inventarisation, Taxation und Verkauf von Möbeln, 25.02.1766. **Landesarchiv NRW, [Hrsg.]. 1766.** 1766. Kurköln II AA 007. Bd. 284.

Isfording, Hermann SJ. 1761. *Unsterbliches Ehren-Denckmahl des ... Clementis Augusti ...* Köln : Neuwirth, 1761.

Iwe, Thomas. 2005. Das Meissner Schokoladen-, Kaffee- und Teeservice des Kurfürsten Clemens August von Köln. *Keramos.* 2005, S. 3 ff.

Ketelsen/von Stockhausen. 2002. *Verzeichnis der verkauften Gemälde im deutschsprachigen Raum vor 1800.* München : Saur, 2002.

Lempertz, [Hrsg.]. 1913. *Katalog einer Sammlung von Kunst- und Einrichtungsgegenständen ... Max Franz.* Bonn : s.n., 1913.

Lucianus, OFMCap. 1761. *Oratio funebris .... Das ist Trauer- und Lobrede ... Clementen Augusten ...* Bonn : Rommerskirchen, 1761.

Lugt, Frits. 1938. *Répertoire des catalogues de ventes publiques, 4 Bde.* Den Haag : Nijhoff, 1938.

Penning, Wolf D. 2013. daß hierin verschiedne Mißbräuch ... und Unordnungen eingeschlichen. Zum Zustand des höfischen Zeremoniells ... unter Max Friedrich (mit Dokumenten). *AHVN.* 2013, Bd. 216, S. 155 ff.

Protokoll des dritten Mobilienverkaufs, 11.04.1768. **Landesarchiv NRW, [Hrsg.]. 1768.** 1768. Kurköln II AA 007. Bd. 282.

Protokoll des Verkaufs der Mobilien und Effekten 1768. **Landesarchiv NRW, [Hrsg.]. 1768.** 1768. Kurköln II AA 007. Bd. 281.

Protokoll des zweiten Mobilienverkaufs, 14.04.1765. **Landesarchiv NRW, [Hrsg.]. 1766.** 1766. Kurköln II AA 007. Bd. 280.

Renard, Edmund. 1927. *Clemens August Kurfürst von Köln. Ein rheinischer Mäzen und Weidmann des 18. Jahrhunderts.* Bielefeld/Leipzig : Velhagen & Klasing, 1927.

Schlöder, Christian. 2014. *Bonn im 18. Jahrhundert. Die Bevölkerung einer geistlichen Residenzstadt.* Köln/Weimar/Wien : Böhlau, 2014.

Unterberg, Michael. 2005. "Mit höchstem Nahmen, Wapen oder Nahmenszug Seiner Churfürstlichen Durchleucht ..." Ein Meißner Kaffee-, Tee- und Schokoladenservice ... *Keramos.* 2005, S. 53 ff.

Venator & Hanstein. 2015. *Bücher Graphik Autographen. Katalog 136.* Köln : s.n., 2015.

Verkauf der Hunde, Pferde und Wagen. **Landesarchiv NRW, [Hrsg.]. 1761.** 1761. Kurköln II AA 007. Bd. 287.

Verkauf der Weine. **Landesarchiv NRW, [Hrsg.]. 1761.** 1761. Kurköln II AA 007. Bd. 286.

Vey, Horst. 1963. Die Gemälde des Kurfürsten Clemens August. *Wallraf-Richartz-Jahrbuch.* 1963, Bd. 25, S. 193 ff.

Index

M

N

O

S

T